よいたよりの使者

シスター・テクラ・メルロの生涯

オルガ・アンブロージ 著
アグネス・レト 訳

女子パウロ会

もくじ

よいたよりの使者

シスター・テクラ・メルロの生涯

初版に付された「聖パウロ家族」創立者の序文

「聖パウロ女子修道会のシスターたちは、この小さな伝記で自分たちの初代総長であり、母でもあったプリマ・マエストラ・テクラ（テレザ・メルロ）への生き生きとした感謝の心をあらわそうとしています。

この小伝は、紙に印刷されるまえに、もっと深く、一人ひとりの会員の心に刷りこまれています。が、本のなかにもプリマ・マエストラの人柄は生き生きと見え、その聖性もよくあらわれています。読みながら、多くの会員の貢献が感じられます。これを読む人はみんな、ある意味でプリマ・マエストラの現存を感じるでしょう。その知恵、信心、パウロ的精神、愛、毅然とした性格、み旨への温順さ。

わたしは、一九六四年二月五日まで、ずっとプリマ・マエストラの生涯の証人でした。プリマ・マエストラはたえまなく神に向かって上昇しつづけました。その秘訣は？　聖人と使徒たちの秘訣は、すなわち、謙遜と信仰です。温順さに導く信仰、たびたびプリマ・マエストラにさしだされたものは、暗く、危険に満ち、人には価値あるものとされないようなものでしたが、プリマ・マエストラの徳は、それらの困難をのりこえさせていました。

祈りに導く信仰。修道会を治めていくときの、人びとに有名だったあの知恵は、どんな祈りの精神からくみとられていたか、みんなも知っているとおりです。

からだは弱かったが、精神は強かった人。がんばりやで、自分のことはまるで顧みないところまで従順だった人。

ヤコボ・アルベリオーネ神父

1　まれに見る円満な女性

一九一五年、時あたかも第一次世界大戦の前夜、テレザ・メルロはヤコブ・アルベリオーネ神父の指導のもとに、聖パウロ女子修道会の創立に着手した。

もしある女性のなかに、理知と慎み、活動と祈り、感受性と直感力、信仰と勇気とのすばらしい調和が見られるなら、ほんとうに円満な女性と呼ばれるにちがいない。

冷たい、あまりにも理知的な女性は、多くの場合デリケートな愛情や、献身、犠牲、自己放棄などに欠けている。他方、センチメンタルで感情だけしかもたないような女性にも調和を求めるのはむずかしい。もちろん、すべてのよい天性に恵まれた女性というものは、聖母を除いて存在したこともなく、これからも存在しないだろう。また、たとえ、存在したとしても、わたしたちにとってそれほど関心の的とはならないだろう。わたしたちは、みなどこか欠けたところをもっている。わたしたちにとって興味あるのは、生まれつきのスーパーマンではなく、むしろ死ぬまで続ける努力によって、もっている可能性を最大限に生かす人である。

この地上に、あらゆる点で完全無欠、弱さを知らぬ女性はいない。だが、それにしても多くの神のたまものに恵まれたすばらしい女性はいるものだ。神は、その特別なご計画を実現するため、しばしばこのような女性を選んで、特殊な使命を託される。時代に先駆ける女性、カトリック教会の不朽の使命をあかしするかのように全世界におよぶ活動を組織する女性、女性の魂にひそむ無限の可能性を知らせ、教会と社会における女性の働きの力と効果とを確認させる女性！

一九六四年二月五日、七十歳でこの世を去ったテレザ・メルロ（修道名はテクラ）はそういう卓越した女性の一人だった。その最期の日まで、人びとはテレザについて多くは語らなかった。不屈の精神に貫かれた労苦多い生涯のあいだ、その名はほとんどうずもれて、マス・コミに騒がれることもなかった。しかし、偉大で、謙虚な、すぐれた女性の一人だった。二十世紀前半の歴史に残るすぐれた人格者の一人である。

彼女の、天命に対する寛大な受諾、鋭い知性と偉大な信仰は、ヤコブ・アルベリオーネ神父という立派な指導者を得て、今日でこそ教会から公に認められたが、当時はまだ全然顧みられもせず、むしろ非難されることの多かった活動に、自己を投じさせたのであった。

一九六三年十二月四日、第二バチカン公会議の第二会期が閉じられるころ、教皇パウロ六世は、『広報機関に関する教令』を認め、発布したが、そのとき、つぎのように言っている。「この教令によって、教会はみずからが内的生活を外的生活に、観想生活を活動生活に、念祷を使徒職に合わせる可能性をもっていることを示す。」

テレザ・メルロはすでにそれより五十年もまえ、わずか二十一歳の若さで、アルベリオーネ神父の指導に従い、社会的コミュニケーション手段を用いての使徒職に着手し、あの教令にあげられた種々の手段を用いながら、感嘆すべき方法で観想生活と活動生活とを実生活に合わせた。

「彼女は活動のさなかにあって、観想の人だった。二つの生活ではなく、単純化され、統合された一つの生活、すべてにおいて神を見、神を欲し、神に仕え、神を伝える生活」と、ララオーナ枢機卿はテレザの葬儀に臨んで言った。

イタリア、トレヴィゾの司教ミストロリーゴ師も言う。

「彼女と聖パウロ女子修道会を考えるとき、いつもわたしの脳裏には、美しく意味深い一本の木とその実のイメージが浮かぶ。多くの枝をはって高々と茂っている木は集まって公会議を開いている教会だ。熟しつつあるその実の一つは、疑いもなく、聖パウロ女子修道会である。最近帰天した初代総長テクラ・メルロ（テレザ）は創立者のアルベリオーネ神父の協力者として時代のしるしを理解し、公会議の活動に先駆けて、キリストにおいて刷新された教会のまことの精神をそのシスターたちに与えた。それは彼女個人の豊かな徳によるものであった。その深い信仰と謙遜、祈りの精神と使徒的愛をもって、彼女のあとに続く娘たちの心に、聖なる新しさのパン種を入れ、世界における福音宣教の理想の、現代の要求によく呼応する福音的養成を与えた。」

アルバの司教、ストッパ師は言った。

「シスター・テクラは、今日の教会が必要とするものを深く悟る直感力をもち、第二バチカン公会議のメッセージに先んじて、社会的コミュニケーション手段、つまり出版、映画、ラジオ、テレビなどを聖パウロ女子修道会に与えた。それらを手段として、会員が至るところに神のみ言葉を広めるために。」

その使命に手をつけたばかりのころ、テレザは理解されるよりも反対されるばかりだった。主のふしぎな道の実現は、つねに苦しみと自己放棄を要求することを思えば、それも当然だったが……。

神が大事業を完成させたいと、召される人のかげには、かならず忠実ですぐれた女性の姿が見える。

たとえば、聖ヨハネ・ボスコの伴侶として、神はマリア・マザレッロをおかれた。また、寛大で勇気ある女性マリア・パオリーナ・ジャリコットに、神は宣教のための大きな活動を求められる。ミラノの聖心大学、王たるキリストの在俗修道会、イタリアのカトリック・アクションを興すために教皇ベネディクト十五世とジェメリ神父のかたわらにあって決定的役割を果たしたのは、アルミーダ・バレッリだった。

社会的コミュニケーション手段を用いて宣教するという使徒職は、早くも一九一五年にテレザと出合った。が、それを始めることにはわずかな人びとが賛成してくれただけで、多くの人は反対だった。彼女は苦しんだが、結局よく祈ったのちに確信をもつことができた。自分が献身しようとする事業が、神の望んでおられるものと知ってからは、しんぼう強く待った。並々ならぬ穏やかさと勇気をもって苦難の道を行くために、この確信だけでたくさんだった。テレザはいわゆる文学的教養がある女性とか、インテリと呼ばれる女性ではなかった。だが彼女のうちには、鋭い知性のほかに、自然的な直感力と、生き生きとして豊富な経験、理解力、あらゆる問題に対して開かれた心、豊かでみずみずしい感情などから出てくる教養があった。言い換えれば、ほんとうの人柄、センチメンタリズムや消極性でないほんものの善良さとあらゆる美徳からにじみ出る深みである。

こういう内的要素に支えられて、総長としてのテレザ・メルロは、ときによっては柔和でつつましいが、ときによっては力強く命令的であったり、あるときは念祷にふけり、あるときは最も激しい活動に奮闘した。決断力、進取の気性、賢明さ……そのときどきの事情や特殊な事例が彼女の直感力と神に満たされた心に要求するところに応じて、あるいは強く、あるいは母情あふれる女性であった。

2　家庭教育

しっかりした人格の形成には、つねに母の働きが見られる。テレザ・メルロの母は、すばらしい教育者だった。彼女の言葉は上知のあふれで、その上知は、キリストの生命力から力と知識をくみとる謙遜な人のそれであった。

他の多くの家庭のように、テレザの家庭もしだいに発展し伸びていきつつあった。ジョバンニ、コスタンツォ、テレザ、カルロという四人の子どもたちがメルロ家の喜びと心配を織りなしていた。やがてコスタンツォは神父となり、テレザは神にささげられた修道女となるだろう。テレザは小さいときから何かしら目立っていた。ほかの子どもと同じように明るく活発だが、きちょうめんで整頓好きで、きれい好き、機敏で、また何よりも敬虔だった。顔立ちも美しかったが、それをいっそう輝かせていたのは、心の底まで見とおすような、それでいて優しいまなざしだった。テレザは早くから神のたまものである知恵と多くのすぐれた天性を発揮した。

母のヴィンチェンツァは、臨終のしゅうとめの言葉を、だいじな遺言として受け取っていた。

「ヴィンチェンツァ、テレザをよく育てなさいね。この子は、生涯のあいだ、たくさんの善をおこなわなければならないでしょうから……。」

ところで、この子はとてもひ弱でデリケートな体質だった。母はいつもこの子のために特別に気をつかった。健康について、心の清さについて、教育について、徳の進歩について……この母はほんとうに完全な教育者だった。

しっかりした人格の形成にはいつも母の働きが見られる。テレザ・メルロは、父エットレの膝もとで、たえず母の注意ぶかいまなざしを浴びながら、宗教的、人間的、社会的教育を受けた。この教育によって、テレザの自然的資質はぐんぐん高められ、将来の偉大な使命に役立つものとなり、神の御目にとうといものとされていった。

父エットレ・メルロは、生涯のプログラムとして、「まず神の国とその義を求めよ」（マタイ6・33）という福音の言葉を仰いでいた。そして、このプログラムを文字どおり実践した人である。家庭内でも村でも、彼は信仰と正義と、正直、忍耐などの模範だった。教会の祈りや行事に忠実にあずかり、そのためにはどんなに急ぐ仕事も中断していた。

テレザの兄コスタンツォ神父は、父についてつぎのように書いている。

「教会で、父はいつも神父のそばの歌隊席に立っていました。まるで自分も神父であるかのように、信心ぶかく心をこめて聖歌を歌います。日曜の午後の祈りのとき、父はいつもわたしたちがそばにいるように望んでいました。歌うための本をもって、かならず時間どおり教会に行くよう、子どもたちに言いきかせていました。父は中途半端なことで満足する人ではなかったのです。とくに、神のみ栄えと、主日の聖化についてはそうでした。

わたしが神父になって、バローロ教区（有名なぶどう酒の産地）に赴任したときのことです。お祝いの食事中、家族の、ある友だちが半分冗談に父に言いました。

――エットレ、いま、満足だろうね。この子に勉強させるため、たくさんの犠牲を払ったが、こんど、こんな立派な教区を任されんだから。バローロには、すばらしい実を結ぶぶどう園がたくさんある。

すると父は毅然として、こう答えました。

――わたしはバローロのぶどう園めあてに犠牲を払ったんじゃない。息子に、主のぶどう園（教会）で熱心に働いてもらいたいためだけだよ。

このエピソードは、父が神父というものをどう考えていたか、はっきり示すでしょう。」

カスタニートの村でテレザの母は、純朴で深い信仰の持ち主、自分の義務を熱心に果たす活動家で模範的な母、その使命の偉大さや教育の義務から来る責任を自覚している母として、知れわたっていた。

彼女は、キリストの模範と、ミサや祈りにおけるキリストとの交わりから知識をくみとる、謙遜な人特有の上知で賢明に語る、純朴な女性だった。彼女はキリストご自身から愛をくみとっていた。この母は自分の一人娘を、まるで神が愛しておられるような愛で愛していた。愛するとは、愛する者の善を望むことである。

「愛する者の生活に、善、すなわち神を望み、愛する者のいのちが神のうちにあることを望む。」（アウグスティヌス）

テレザの母は、母の愛とはまさにこのとおりでなければならないと思っていた。村の主任神父が、「テレザはまるで原罪を知らないかのようにいい子だ」と言ったことからみても、この母の教育のすばらしい成果はわかるというものだ。

コスタンツォ神父は、母についてこう言う。

「母は熱心なキリスト者として知られていましたが、とくに、活動家で責任感の強い模範的な母親として、もっと知られていました。母にとって、子どもの教育は、果たさなければならない使命と見え、その役目を、正しくかつ徹底的に果たしていました。母はわたしたちの家庭から、罪はもちろん、不完全なこともすべて遠ざけるために、うむことを知らなかったのです。」

たえずよりよいこと、より完全なことを求め、ますます神に近づき、ますます神と親しく交わることを熱望するのは聖人の特長である。

「母は晩年を祈りと黙想のうちに過ごしました。教会へ行くためには、けわしい道を歩いて行かなければならなかったのに、毎日通って、できるだけたびたび秘

跡を受けていました。どうしてもできない日を除いて、毎日聖体を拝領していました。どうしても行けない日には、子どもたちに、

——母さんは今朝どうしても教会に行けません。あなたが代理で神さまのみ前に行って、わたしたちのために祈ってちょうだい。さあ、いらっしゃい、いい子でね。

と言っていました。

子どもの信心生活については、特別な愛と注意ぶかさで見守っていて、教会まで連れていってくれるのはたいてい母でした。ときに、特別寒さのきびしい冬の朝などは父でしたが……。母は朝早くわたしたちを起こし、それがわたしたちにとってどんなにつらかったか、よくよく知っていたのに、神さまの報いはこの犠牲と比べものにならない、と言いきかせました。優しく、でも強く、それを説明してくれました。

——主は、きっとわたしたちに報いを与えてくださいますよ。犠牲を払うことによって、神さまの祝福をいただけるようにしなければなりません。守護の天使が何もかも記録しておいてくださいます。若いときから犠牲に慣れなければなり

ませんよ、などと。

自分でほうびをくれると約束することもありましたが、それはほんのときたまでした。恐れや、ほうびのためではなく、確信にもとづいてわたしたちが行動することを望んでいたのです。どんなに急ぐ仕事があるときにも、ミサに行かせていました。

――あとで、もっと早く働きなさい。仕事がもっと早くかたづくでしょう？さあ、早くいらっしゃい。もしわたしたちにたった一つのミサでも、その価値がわかったらね……。

教会に出かけるまえ、わたしたちは一人ひとり検査されました。洋服は清潔か、靴は磨いてあるか、ネクタイはきちんとしているか、などを見てから、静かにわたしたちのポケットに手を入れ、ロザリオ、お祈りの本、教理問答書、ハンカチがあるかどうか見ました。母の合図なしには出かけられなかったものです。

毎土曜日の午後は告白なので、家で聖画の前に座らせ、心を整えさせてから教会に連れていきました。道みち、糾明させてくれ、聖堂に入るまえには、

――神父さまに全部申しあげるのよ。

と言っていました。

聖体拝領の準備と感謝の祈りがよくできるように、わたしたちのお祈りの本のページを開いてくれ、ときどき、感謝の祈りは少なくとも十五分間はするように思い出させてくれました。

とにかく、わたしたちの一歩一歩を見守っていたのです。祈り、勉強、教理の勉強、小さな仕事、遊びのあいだにも。

わたしたちが小さかったころ、たびたびみんなを集めて教理を教えました。——神さまはすべてを見、全部書きとめていらっしゃいます。よい人のためには報いを、悪い人のためには罰を準備なさって……。

家ではいつも、何かかにかすることがありました。母はふしぎなくらい、いつもわたしたちに仕事を見つけていました。もちろん遊ぶことも許しますが、

適当なとき、

母の監督のもとに、

母が知っている仲間と一緒に、

という三つの条件をつけていました。

ひどい罰を与えるのは非常にまれで、けっして、怒りに駆られて罰する、ということはありませんでした。母の矯正の仕方は、いろいろあって、それぞれの場合に適当なものでした。神の現存を思い出させたり、ときには優しく、ときには強く戒めたり、あるいは、悲しい態度を見せ、あるいは、夕食を抜きにし、ときにし、あるいは平手打ち……また神父のところに告白に行かせるなど、つまり、わたしたちの過失の重大さによって必要な程度の罰でした。

わたしたちのベッドにはロザリオが下がっていました。眠るまえにそれを取ってロザリオの祈りをすることになっていたのです。母は毎晩やすむまえにかならずわたしたちを見に来て、もしロザリオがそのまま下がっていると、そして、わたしたちがまだ目をあけていると、それを取って手に握らせ、

――もっとお祈りなさい。もっとお祈りなさい！

と言いました。しかしそれが度重なると、こう言いました。

――お祈りしたくないのは悪いしるしですよ。お祈りしない子どもはきっと悪い人になります。

そして、結局、わたしたちはロザリオを握ったまま眠りにつくことになるので

した。

3　少女時代・青春時代

はじめての聖体拝領のときから、テレザは、聖体にましますイエスとの親しく長い会話に慣れた。イエスのうちに、あらゆる問題を解決できる「師」を見いだし、同時に心を打ち明けるまことの友を見いだした。

これほどの宗教心と責任感、まっすぐな指導のもとで、テレザは二十一歳になるまで、まごころこめて働きながら純朴な家庭生活を送った。家庭内で従順を学び、つらいときにもテレザは喜んで従っていた。たぶんのちになって、彼女が自分の娘たち、すなわち、聖パウロ女子修道会のシスターたちに、非常につらい場合にも喜んで従わせることができたのは、この時代の彼女自身の従順によるのだろう。

深い敬虔に加えて、ときにきびしいとも言えるほどの注意ぶかい母の教育は、この将来の総長の人格に強い影響を与えずにおかなかった。母ヴィンチェンツァがテレザを形づくった。テレザが生涯のいちばんよい時期に出会うアルベリオーネ神父の、教えと指導と決定とを敬意と謙譲をもって受け入れるよう、母は知らず知らずわが子の魂を準備させたのである。アルベリオーネ神父のかたわらでこそ、テレザは、教会における自分の偉大な使命を果たすべきであった。

ピエモンテ州アルバ市の近くの一つの丘の上に、こぢんまりとあるカスタニートの村。テレザはその生まれた村の小学校に通った。そこで、勤勉に勉強した。利口で、ものわかりのいい、生き生きした少女だった。病弱であったのに、成績はいつもクラスの上位を占めた。

そのころ、まだカスタニートの小学校は三年までしかなかったので、つぎの学年からは、隣村のグアレーネに通わなければならない。テレザも一年間はそうして通ったが、あまりにもひ弱だったので、両親は家庭教師をつけて家で勉強させることにした。先生はマリア・キアラという人だった。テレザは驚くほど物覚えがよかった。生来、知識欲がさかんで、先生の言葉を一言も聞きもらすまいとしていた。自分だけのために教えてくれるという考えが拍車をかけたのかもしれないが、すべてを受け入れ、深く自分のものとした。

テレザの先生は、一般の学課のほかに、キリストの教えも教え、人格的に立派な人だった。

「テレザの深い信心生活は、大部分、家庭教師をしてくださったキアラ先生によると思います」と、兄の神父は言う。

非常によく準備してから、一九〇二年四月二十三日、テレザははじめて聖体をいただいた。イエスとの親しく温かい出会いだった。テレザは初聖体が何であるかよくわかっており、その日を深い熱心さのうちに過ごした。そしてこの日以後、たびたびイエスとのこの親しい触れ合いを繰り返し、それによって魂の清さを保ちえたのだった。

聖体は、彼女の生涯をかけた愛の対象だった。生活を照らす理想であり、解決すべきあらゆる問題の鍵であり、小さな気がかりも、大きな心配も、打ち明けることのできる友だった。聖体への愛が、テレザの信仰と勇気の支えだった。そこからキリストは、テレザに偉大な精神力と、祈りにおける熱心さ、使徒的活動における すばらしい働きをお与えになった。

「聖体のもとで会いましょう。聖師のおそばで一緒になりましょう。そこにすべてがあります。」

これは彼女の口ぐせだった。

のちに、ある若いシスターが、「ときどき手紙をさしあげていいでしょうか」と尋ねたとき、こう答えた。

「はい、書きたいときはいつでも。わたしはできるかぎりすぐにお返事したいと思います。でも、できなければ、まず聖体のみ前に行って聖師イエスにお話ししましょう。そして彼にお任せしましょう。」

また、他のシスターに、

「いつも聖櫃のもとで会いましょうね。そこではいつでも会うことができるでしょう。」

外国に出発したあるシスターにはこう書いた。

「飛行機が聖堂の上空を飛んだとき、あなたにあいさつを送りました。はじめのうちは困難が多いでしょうが、神さまの恩寵によってすべてのり越えることができるでしょう。イエスのみもとにいらっしゃい。イエスこそ、わたしたちの慰め手、助け手です。」

そして同じシスターに、ほかの手紙で、「わたしもローマを離れていたことがあります。たしかに、はじめは困難を感じました。でもしっかりしてください。あなたを思いつつお祈りでおそばにいます。そちらにも聖体があるでしょう。聖パウロ女子修道会のシスターにとって、これはすべてです。そちらの聖櫃の前でわたしはお祈りしたことがあります。いま、心の目で、あなたがそこにいることを見ています。ノスタルジアを強く感じるとき、そこにいらっしゃい。そこでわたしたちみんなを、イエスのうちに見つけるでしょう。イエスは、わたしたちの忠実な友、支え、慰めです。彼がわたしたちとともにいてくださるとき、何も足りないものはありません。わたしをあなたのそばに感じてください。精神的にわたしはあなたと一緒にいます。」

ある講話のなかではこう言った。

「たとえ宣教のために歩きまわっていても、いつも聖体に心をおいて生きなさい。

聖体のうちにまことにおいでになるおかた、神であり人である聖師イエスに教えていただくように、聖化していただくように、そのおそばで生きなさい。まっすぐな道を行く恵みを聖霊に願いましょう。

わたしたちの修道会が聖人をつくり出す工場でありますように。そして聖人たちは聖体のおそばでつくられるのです。」

アメリカのスタート・アイランドから一人のシスターは、つぎのように書いた。

「三年まえにここを訪ねてくださったときのことです。わたしともう一人のシスターが一緒に話していました。話の途中、そのシスターは熱心さにひきつけられて、叫びました。

――総長さま、わたしたちとてもよく働くんですよ。あなたに倣いたいので、午後も七時まで宣教に出かけています。

総長さまは聖堂の方に目を向け、聖櫃を指さしながら、言われました。

――彼がなさるのです。すべてをなさるのは主です。」

ひっそりと心を静めて祈りにふけっている謙遜な彼女の姿を見た者は、どんな困難にさいしてもその口から「祈りに行きましょう」という言葉を聞けば、感激せずにいられなかった。

初等教育を終えたのちも、テレザは、教区でおこなわれる宗教教育に、ずっとあずかっていた。彼女はいつも学びとる備えができていて、特別に自分にとって魅力のあった信仰の真理を理解し味わう点で目立っていた。

一九〇七年九月二十九日、アルバのジュゼッペ・レ司教から堅信を受けたが、これは彼女の霊的上昇の輝かしい一段だった。聖霊の恵みは、やがてテレザが立ち向かわなければならない困難や闘いに備え、恵まれた天性をさらに強めた。

テレザの敏速で慎み深い態度は、仲間たちに深い真実な尊敬を呼び起こしていた。彼女は少女のころからすでに、非常に繊細で、生涯の特長となる徳、すなわち謙遜、剛毅、信仰、愛徳へと開かれた心を示した。

カスタニートのこのひ弱な少女に、生活のために働く必要はなかったが、両親は、女性らしい仕事を何でも身につけさせたいと願っていた。それができなければ、一人の女性として完全ではないというのが、両親の考えだった。だが彼女の健康はあまりにももろすぎはしなかったか。ある日、母は愛のこもったまなざしを注ぎながら、こんな冗談を言ったくらいだった。

「まあ、あなたは、こんなにちっぽけで！　お庭にいると、鶏にまちがえられるわ。」

だからあまり重い仕事は負えそうもなかった。テレザは裁縫や、ししゅう、レース編みなどを習おうとして、アルバ市の聖アンナ修道院に通った。

その修道院の雰囲気は、聖パウロ女子修道会の創立当初、つまり、のちにテレザをとりまく環境とよく似ていた。ここでテレザは静かに、楽しく、仕事の日々を過ごした。ほとんど目立たない存在として……。少女時代の友であったサリエッティ家の姉妹は、

「テレザ・メルロはわたしたちに深い印象を与えました。わたしたちはいつもテレザを賢明と謙遜の手本と見なしていました。けっして自分を目立たせようとはせず、たいていみんなのあとに話していました。でもとても賢かったので成績はいつも優秀でした。わたしたちのあいだで何か意見の衝突が起こりそうなとき、とてもじょうずにとりなすことができるのはテレザだけでした。テレザには、無分別な若い者によくあるようなはしゃぎすぎなど見られませんでした。いつも控

えめで賢明で礼儀正しく、一言でいえば、いつも慎ましく上品だったのです」と言っている。分を守る――これこそテレザに目立っていたことで、このためにみんなから好かれていた。

そののち両親は、テレザの裁縫がもっとじょうずになるように、トリノ市に行かせ、信用できる人に弟子入りさせた。もちろん仕立屋にするつもりはなかったが、娘が将来生活を築くうえによい準備となることを望んでいた。

「お裁縫のできない女の人には何かが足りない」というのが母の言い分だった。

テレザはまもなく針仕事の専門家になった。そして、家庭にもどってから、洋裁やししゅうを習ったり結婚のための身の周り品などを準備したいという村の若い娘たちを集めて、小さい裁縫塾のようなものを開いた。この時期にもテレザの温和な性格、理解力、塾生のための寛大な献身ぶりが輝いた。彼女たちをできるだけ神に近づけるよう努め、たえず慎みと祈りを勧めていた。

子どものころからのある友人は、

「針仕事を習うため、母はわたしをテレザのところに行かせました。三か月ほどその小さな塾に熱心に通いましたが、それはわたしにとてもよい思い出となりました。テレザはいつもよい勧めを与えてくれ、一緒にロザリオを唱え、わたしがおしゃべりしすぎると、かならず注意してくれました。

テレザが子どもたちに教理を教えに行くとき、ついていったことがあります。悲しんでいる者があれば、彼女は勇気と信仰をふるいたたせるような言葉で慰めていました。

そのころわたしは、ふたの裏に鏡のついた裁縫箱をもっていて、働きながらときどきそれを出してのぞいていました。テレザはそれに気づいて、あるときそばに来て何も言わずに、優しくそのふたを閉めてくれました。ちっともわたしを怒らせるようなそぶりでなく……たしかにわたしはおしゃれでしたので、テレザのしたことはわたしのためによい戒めだとわかりました。

テレザから受けたよい印象はいまだに残っています。テレザ・メルロは、その年ごろの少女に似合わない成熟ぶりを示していました。」

と書いている。

兄の神父はその時代を思い出して、

「妹はアルベリオーネ神父のもとで聖パウロ女子修道会創立を手伝うためアルバ

市に行くまえ、家で、村の若い娘たちのために裁縫やししゅうを教える小さな塾を開いていました。その塾の時間割のなかには、ロザリオと短い霊的な読書が含まれていました。」

と書く。

こうしてそれとも知らず、テレザはみずからの使命に備える修練を始めていたのだった。そのころから仕事と祈りを分離しない傾向を示していた。

「救いの錨綱のように、わたしたちはつねに祈りにしがみつかなければなりません。祈りは聖堂でロザリオを唱え続けることだけではありません。一日のすべての行為は祈りとならなければなりません。生活の祈り、わたしたちにとって生活となった祈りを求めなければなりません」と、のちに多くの聖パウロ女子修道会のシスターに教えることは、このころから実行されていたのである。

彼女の講話集にはつぎのような言葉がある。

「主は、わたしたちを創造し、超自然界にあげ、信仰、希望、愛の徳を注いでくださいました。そのうえ、修道生活にお召しになり、非常にすぐれた使徒職の手段と恵みとを豊かに与えてくださいました。一日のあいだに、たびたび思いを神さまにあげますか？　射祷（短い祈り）をささげますか？　射祷はちょうどイエスや聖母マリア、聖人たちに電話をかけるようなものです。ときどきの電話で、短くても、わたしたちの愛と感謝と、彼らを思い出していることを表し、必要な助けを願うのです。」

テレザは少女のころから、日々を心のこもった熱心さで、仕事と祈りに過ごしていた。毎日黙想をし、ときどきニッツァ・モンフェラートの修道院に行って数日間の黙想に加わった。たいていこの黙想が終わって家に帰ると、そこで受けた多くの訓戒や読んだこと、とくに思うぞんぶん祈って心静かに神と過ごした日々に感じた喜びを、表現する言葉もないようすで、その顔は言いしれぬ幸福に輝いていた。

家族や、彼女を幼年期少女期に知っていた人びとの証言によれば、テレザはこの時代にとうとい経験を積み、それをまれに見る賢さと、神のたまものである上知と賢明さをもって、修道会の長い統治に応用した。

この章の結びとするつぎの言葉は、アルベリオーネ神父の証言である。

「若いテレザは完全に均衡がとれていた。調和のとれたキリスト教的徳のかすかずだけでなく、自然の徳も、家庭的な徳も、社会的な徳も輝いていた。いつも品位があり、謙遜で、明るく、敬虔だった。ほんとうの聖性は人間的、自然的徳から出発する。テレザに近づいたすべての人は、彼女にこの徳があったことを証明できるだろう。」

4 一大決心

はたちのころ、テレザは、神のお召しに応じる秘訣は「はい」の一言だと気づいた。神のおぼしめしは、黙想と苦しみのうちに、献身と従順と忠実の実践のなかで少しずつ明らかになる。

テレザは、賢く正直で考えぶかい性質だったので、二十歳ごろには、すでに完全な成熟に達し、しっかりした精神的養成を受けていた。だから将来の身分の選択にあたってもじゅうぶんによく考えてみた。テレザはたしかに修道生活の美しさを深く理解し、その身分に強くひかれていた。が、一方、この生活が要求する自己放棄や犠牲、横たわる困難なども、よく考えることを怠らなかった。

考え、黙想し、人の意見を尋ね、ますます熱心に祈った。そのあとではじめて決定的に、神に身をささげようと決心した。

ちょうどそのころヤコブ・アルベリオーネという若い神父が、ある特殊な企画を思い立ち、断固たる決意で実行しようとしていた。極貧のなかにあって、計り知れないほどの困難を前に、そのような企画を考え、実現しようとすることは、ただ彼のような、時代の使徒職の先覚者のみが思いつくことであった。この神父はしばらくまえから、出版による宣教を始めるため、小さな「印刷学校」をつくっていた。そして同じ目的をもつ女性の会も興したいと考えていた。神父は、当時アルバ市の神学校で、神学生たちの霊的指導に携わっていたが、自分の考えている男子の会のため幾人かの神学生に、「わたしについてくる気はないか」と尋ねてみた。彼についていく？　どこへ？　どんな事業に？　神父の企画はあまりにも夢のようではないか？　にもかかわらず、何人かの若い神学生が神父についていった。大胆なことだった。だが、この大胆な承諾はやがて実を結ぶのである。

当時アルバの神学生のなかにテレザの兄コスタンツォ・メルロもいたが、彼はアルベリオーネ神父の勧誘には応じなかった。心からアルベリオーネ神父を尊敬していながら、ついに従う勇気が出なかった。漠然とではあるが、アルベリオーネ神父の事業が失敗するはずはないと信じていたし、従わないことも心残りで悩んだりしたが、しかし、結局従わなかったのだ。彼は小さな「印刷学校」の十歳から十二歳の子どもたちの教育に個人的な協力をすることさえ拒んだのだった。だが、コスタンツォ・メルロは、神の摂理の計画によって、神のすばらしい戦闘部隊の道に、理想的女性を導くのである。その女性こそアルベリオーネ神父の企画を自分のものとし、彼とともに目的地に向かって驀進《ばくしん》すべき人であった。

この多難な道を行くテレザの決定について、コスタンツォ神父は簡単につぎのように報告している。

「一九一五年六月、わたしが夏休みで家に帰ろうとして、アルベリオーネ神父にあいさつにうかがったところ、神父はわたしにこう言われました。

――きみの妹さんは裁縫がじょうずだったね。わたしの集めた何人かの若い人たちに教えてもらえたら、と思うんだが……。こちらへ来てもらえるように、きみからお母さんにたのんでくれませんか。

まえにわたしは、妹がコットレンゴの修道会（聖ヨゼフ・コットレンゴにより、トリノ市に設立され、貧困者や身体障害者、孤児などの世話をする会）に入りたがっているが、貧血症で、ひ弱なので、まだ入会の許可がおりない、と話したことがありました。テレザは体をじょうぶにするように、いつも特別な栄養をとったり、強壮剤を飲んだりしている状態だったのです。ともかくわたしは家に帰って母に、母も非常に尊敬し好意をもっていたアルベリオーネ神父の望みを伝えました。母ははっきりと断りました。この事業は、何もはっきりした見通しがついていない、テレザは家でも働けるし、そこへ行くには健康が足りない、というわけです。いつも、母がいったんだめと言えば、もう何も言い返す余裕は残っていませんでした。わたしはアルベリオーネ神父の望みに応えられないことをとても残念に思いましたが、しかたがありません。妹にも話したのですが、妹はたとえその招待をありがたくだいじなものとして受け取っても、母の意志に任せました。考えぶかく慎重だったテレザは、何も意見を述べませんでした。たぶんまだコットレンゴの修道会を考えていたのでしょう。わたしたちは神がおぼしめしをはっきりわからせてくださるよう、心を合わせて祈っていました。

あとで、わたしはもういちど、おそるおそる母にその話をもちだしました。し

ばらく話し合ってから、母は、

——まあ、考えてみましょう。

と言いました。これは、ぐうの音も出なくなるような、あの絶対的拒絶よりもどうにかましでした。しかし母の性格を知っていたわたしは、そこですぐ話を打ち切りました。

翌日、こんどはテレザ自身、アルベリオーネ神父の申し出について話し出しました。そこでわたしも勇気を出して、

——母さん、アルベリオーネ神父さんは、立派なかたで、善業に努めておられることを母さんもご存じでしょ。神父さんが集めた娘たちに教えるため、テレザに来てほしいと言われるんだったら、きっといい目的のためです。行かせてやってください。二週間ぐらいだったらたいしたことないでしょう。アルバ市は遠くないのだし、容易に監督なさることもできますよ。その結果、まじめでいいと思われるなら秋までテレザをおいてもいいし、そうでなければ、すぐ呼びもどしてもいいじゃありませんか、と言いました。それで母も承知し、自分も一緒に行ってみることにしました。」

さて、母と一人娘は、アルベリオーネ神父を訪ねるためカスタニートの丘をくだった。テレザは、神を思いつつ静かに足を運んだ。すでに深いまことの謙遜に到達していたテレザは、自分が現代の世界に役立つすばらしい事業の創立に協力する者になろうとは、夢にも考えていなかった。テレザの心にはただはっきりとした決定があるだけだった。——自己を余すところなく神にささげること……。

テレザは二十一歳になっていた。背は高く、ほっそりして、身ごなしはいかにも軽快に精力的である。一方、母は、すっかり疲れた人のようにとぼとぼと歩いていた。それは年のせいというより、全世界を巻きこんでいた戦争（第一次世界大戦）を、自分のことのように感じ、数か月まえから戦場に出ている息子のジョバンニの身を案じるあまりだった。それに、たぶん近々三人の男の兄弟と一緒に愛情に包まれて育った一人娘を、神にささげなければならない、という予感が、いっそう母の歩みを遅くさせていたのだろう。テレザは、母の歩みに合わせてゆっくりと歩いた。

二人は聖ダミアノの教会に来て、しばらく祈った。そして、母は娘に、

「テレザ、ここで祈っておいで。わたしはアルベリオーネ神父さまと話してきます」と言って出ていった。

数分たつともどってきて、「いらっしゃい、神父さまが待っておいでだよ」と言った。テレザは静かにドアの方に行き、姿を消した。母は聖堂内で待っていた。母の胸はますますどきどきしてきた。やがてテレザが、同じ静かな、上品で威厳のある歩き方でもどってきた。その目はまえよりもいっそう生き生きしていた。

テレザは母を見つめてほほえんだ。このほほえみでテレザはアルベリオーネ神父と交わした話を母に伝えたかったのである。テレザは長い話を好む人ではなかったので――だが母は推測しがたいほほえみだけでは満足できなかった。急いで外に出ようと合図し、出たとたんこう尋ねた。

「神父さまは何とおっしゃったの?」

「そのお仕事に協力するよう、招いてくださったの。」

「そのお仕事って?」

「神父さまは、出版を使っての宣教事業で女性にも多くの善がおこなえる、とおっしゃるのよ。」

「でも……でも、それがあなたに何の関係があるの？　あなたは何をしなければならないの？」
「何も……ただ神父さまに従うことだけ。」

そうだ、人びとを救い、神にみ栄えを帰すことと、自己の聖化のために働くことの必要について語っていた「神の人」との最初の出会いから、テレザは最大の成功をもたらすべき最良の覚悟を学んだ。何の特別なこともいらない、ただ神の意志と思うところに従順すること、神と人びととの善を求めること。

テレザはアルベリオーネ神父の言葉を聞き、まだおぼろげではあったが、神が自分にゆだねようとしておられる使命をかいま見たのであった。そして、それをまごころからの熱誠をもって受け取った。

母はためしに十五日間だけ、テレザをアンジョリーナ・ボッフィのところにおいてみることにした。この十五日間は倍になり、三倍になり、ついにテレザの生涯のすべてになってしまう。アンジョリーナ・ボッフィは、すでにアルベリオーネ神父に招かれて手伝っていた女性で、のちに自分の道でないことを悟って、グループから去っている。

二十一歳――青春の最も美しい時期、テレザは自己の使命をはっきりと見た。それは生涯を通じての完全な献身、完全な従順、神の代理者をとおして知るおぼしめしへの、完全なゆだねによってのみ果たしうる使命であった。

テレザは深く神を味わう者の知恵によって聖化の秘訣を発見した。彼女の霊性は、神意の実行という一語に尽きるだろう。完全な不断の従順によって神のおぼしめしをおこなう、ということは、彼女の全活動の動機であり、励ましだった。たえず意志をとらえていた熱望、考えの中心、心の芯だった。

のちに、シスターたちにあてたいろいろな手紙のなかには、この考えを表すものが多い。

「主を信頼しましょう。しっかりしましょう。ある種の困難はわたしたちを精神的に強めてくれます。すべては、わたしたちの善益のため、主から許されることです。頭をさげて、『おぼしめしのままに！』と言いましょう。」

神のおぼしめしの道を行くことは、たとえそれがとてもけわしいものであっても、平和と穏やかさをもたらす。テレザは神のおぼしめしに夢中になっていた。

それは、テレザの生活を照らす太陽だったのである。

あるシスターは書いている。

「ある日、わたしは大胆にも総長に向かって、

——総長さまはどのようにして主をお愛しになるのですか。

と尋ねました。すると、とてもすなおに、

——単純に愛します。つまり、各瞬間にそのおぼしめしを果たすことによって。

とお答えになりました。」

一九二二年、創立のころからのシスターにあててこう書く。

「わたしのためにたびたび祈ると言ってくださったことは、貧しいわたしにとってとても大きな慰めです。ほんとうにわたしにはお祈りが必要なのです。わたしがいつも、万事において主の聖なるおぼしめしだけ、ただそれだけを果たすことができるよう、恵みを願ってください。心から感謝いたします。イエスのみ名においで。」

また他のシスターには、

「いつも、主に『はい』とおっしゃい。どんなところにでも喜んで行き、どんな

仕事をも喜んで果たす覚悟をおもちなさい。従順によってあなたの行くその先々に、あなたの聖化のための恵みもあるでしょう。『はい、主よ、わたしは準備ができています』とおっしゃい。その道に、たとえばはずかしめが待ちかまえていようと、『はい、主よ、あなたのお望みどおりするために、わたしはここにいます』とおっしゃい。」

シスターたちにあてたたくさんの手紙は、神のおぼしめしに対する尊敬と、それへの完全な従順を勧めるものが多い。神意に対するこの覚悟から「神の人」であるアルベリオーネ神父への完全な委託がわいて出た。アルベリオーネ神父の声は、テレザにとって神の意志の生ける表現だった。

アルベリオーネ神父がテレザ自身をどう思っているか、それはどうでもいい。テレザ自身はこう考えた。「アルベリオーネ神父は、わたしにとって神さまのおぼしめしを示してくださる道具である。神さまが、わたしに何を望まれるのか、わたしはそれをおこなおう。主は従順だけをお求めになる。」

だから、テレザはアルベリオーネ神父に服従するのではなく、神父をとおして、神に服従したのである。テレザの求めるところは、自己満足でもなければ、神父の称賛でもない。ただ神だけ。こうしてテレザは静かにすばらしいことを実現するのだ。彼女の英雄的偉大さは、すべてここにある。

男子聖パウロ会のカルロ・ステッラ神父はつぎのように証言する。

「彼女は、神が、教会内に興るように望まれる一大事業を実現するための従順な道具になりたいと望み、神のみ手にまったく自己をゆだねた。その委託は、彼女にたえざる徳の実行を——英雄的と言ってもいいほどの実行を要求した。それは数えきれないほどたびたび、目に見えるほどの形で現れた。彼女は、神の計画を実行すべき人、神への奉仕に献身したいと望む者を組織し、彼らを聖化して神の国を広げるべき人である創立者のもとにあって、従順な協力者でありたいと願っていた。だから、どんなことがあっても——たとえ自分の配下のシスターたちに高い犠牲を払わせることだとしても——彼の指導に従い、その指導を実行に移さなければならないと感じた。

経済的窮境にさいし、宣教にさいし、むずかしい企画の実現にさいし、また、修道会独特の精神形成のために創立者が与える規定の実行にさいし、各方面にわたって配下のシスターたちを激励しつつ、神へのかぎりない信頼をもって率先して進んでいく強い女性をわれわれは見た。彼女のゆだねは、まことに見あげたものだった。多難な日々、シスターたちに向かって、何のためらいもなく、『あなたがたがやりとげなければならないこのつらい義務は、創立者のお望みですから、たしかに神のみ旨です』と説明している彼女を見ていると、いけにえの祭壇上に愛するわが子をささげる太祖アブラハムの姿がしのばれた。最も重い十字架は、まず自分が担ったが、自分の娘たちの苦しみは、いっそうその十字架を重くしていた。」

同じく聖パウロ会のジュゼッペ・ジッリ神父はつぎのように書く。

「彼女は創立者アルベリオーネ神父の姿のうちに、神の遣わされた者を認め、神の大事業に仕えるとの確信をもって、アルベリオーネ神父の翼のもとに一生を送った。」

凡人には計り知れないほど広大な考えの持ち主であるこの創立者のもとで、その指図に従って行動する生活を容易なものと思うのは錯覚だ。テレザはもちろん、そんな錯覚は抱かなかった。それにもかかわらず、「はい」と言ったのである。

どこまでこの「はい」の結果をテレザが計っていたかはわからない。たしかなことはその「はい」がもたらしたすべての拘束に英雄的に忠実であったということである。

テレザのすばらしい大事業の始まりは、想像できるかぎりの、おそまつで、何の目立つところもないものだった。ニュー・モードの仕立てや流行のアクセサリーをつくることなら、まだおもしろみもあるだろうが、テレザたちの仕事は、それとはおよそ縁のない、単調で見栄えのしない灰緑色のシャツの仕立てから始まった。前線で戦っていた兵隊のためである。

そこで普通でないことと言えば、品位と優しさの備わったテレザのまじめさで、人びとはそういう彼女に一目おいていた。だが、明るい穏やかな表情とか、まなざしの優しさよりももっと人の心をうばっていたのは、その内的徳であった。信仰、謙遜、それに神のおぼしめしを彼女に悟らせる人に対する従順。兵隊のシャツを縫うという非常時の善行に携わりながら、テレザの魂は、アルベリオーネ神父の示してくれるはるかな地平を眺め見ていた。

人びとは、あのはじめの日々のことを、労苦に満ちた単調な時代と言っているが、テレザの見方はちがっている。

「あのシャツの山とミシンの音のなかで過ごした日々のなんとすばらしかったこと！　あのころのわたしたちは、〝印刷学校〟の青年たちが引っ越した後の家を使っていました。それを思っては、わたしたちもいつになったらその仕事にかかれるのでしょう、と言っていました。話すことといったらそればかりでした。」

もちろん神のおぼしめしにまったく身をゆだねた人は、短気を起こすことはない。むりに時を早めようともしない。それを知っているテレザは、それ以上何も言わなかった。

彼女の態度は、平凡さから来る態度ではない。「自己のむなしさを喜んで認め、みずからほしいままに行動することをやめ、完全な献身に生きるということは、平凡さと相容れない。まことの謙遜は、自分のつまらなさにこだわるものとは正反対で、かえって偉大さと聖なる大胆さを奮い立たせるものである。」（ヒルデブランド）

テレザの善徳はまさにこれだった。

軍服の針を運びながらテレザは、はっきりとは見とおせない使命に向かって備えていた。予感し、信じること、それだけでじゅうぶんではないか。テレザの信仰は、祈りながら黙って待つ、絶対の信仰だった。

ある日、アルベリオーネ神父は、「新聞は民衆の偉大な教師である」ということについて語った。神父は「もし聖パウロが現代にふたたび姿を現したら、かならずジャーナリストになっただろう」というケットレルの有名な言葉を引用し、ピオ九世の言葉でそれを解釈した。「キリストを伝えたいという望みであれほど燃えたっていた偉大な使徒（聖パウロ）は、たしかに出版を利用しただろう。出版は神の恵みを伝えるための強力な手段だ。きっとパウロはできるだけたくさんのそれ、つまり本やリーフレットなどの、活発でじょうずな使用を宣教に利用したにちがいない。」

たぶん、このときはじめて聖パウロの輝かしい姿は、テレザの目に、出版による宣教の最古の先駆者として、また、自分とまさに生まれようとしている修道会との、偉大な保護者として浮かんだのであろう。テレザは、熱心に、親に対して抱くような信頼をこめて聖パウロに祈りはじめた。テレザは、聖パウロを愛し、彼を生き生きとかたわらに感じるほど深い親密な信心をもった。

修道会誕生のころについて語りながらテレザは言っている。

「聖パウロはほんとうにわたしたちの家の主人でした。わたしたちの足りなさをあわれんで補うかのように、いつもいろいろな面にわたって愛情のこもった保護を与えてくださいました。わたしたちの開いた書院には聖パウロの聖画がかかっていたので、スーザの学生たちも聖パウロに崇敬を払うようになり、お花を飾ったり、献金してくれたりしていました。町の教会でも、聖パウロの信心が高まってきました。ほんとうにうれしく、至るところに聖パウロの崇敬が広まることを願わずにはいられませんでした。」

たしかにテレザはできるかぎり聖パウロの信心を広めるように努めた。とりわけ、自分の娘、聖パウロ女子修道会のシスターたちの心に、たびたび聖パウロへの信頼と愛を鼓吹し、彼に倣うよう励ました。

テレザの聖パウロに対する信心をよく表すような言葉がたくさんある。

「わたしたちは、聖パウロのように、全世界を抱く魂をもたなければなりません。」

「聖パウロの愛に倣いましょう。パウロは万人のために万事となるように努めていました。すべての人に対して繊細な心をもっていたのです。」

「聖パウロに倣おうと固く決心してください。それは神のみ栄えと人びとの善のために、どんな苦しいことも喜んで受け入れることです。パウロがおこなった善を考えましょう。もしパウロがあれほど苦しまなかったとしたら、たぶん宣教もあれほど効果はなかったでしょう。」

アルベリオーネ神父は、

「いまのところ、会の外観とか、尊敬されることとか、名誉などを考える必要はない。新しい修道会の土台は堅固でなければならないが、いまのところまったく隠れた、埋もれたものであるべきだ。世間の判断にむとんちゃくでいなさい。この若い人びとを指導し精神を形成させていくことは、世間の役目ではないのだ。神の特別の恵みで新しい修道会の中核となるあなたがた若い者は、まず隠れることを学ばなければならない。あらゆる野心を退け、イエスへの最も純粋な愛を強めるために、深い謙遜と犠牲の精神を培わなければならない。一言でいえば、イエスの寛大で無垢な花嫁となるよう努めなければならない」と言っていた。

もちろん、広報機関による使徒職という理想が、あらゆる面で実現されるまでには長い時間がかかった。神の畑は、性急な者の働く場ではない。忍耐し、祈り、苦しみをささげていく者だけのものである。

しかし少女たちの工房と呼ばれていたあの小さなグループの仕事場は、しだいに宗教用品の小さな店に変化していった。そしてまもなくそれは、「新書院」と呼ばれた。聖パウロ女子修道会が、現在至るところに設けている書院の最初のそまつな試みだった。

5　総長――プリマ・マエストラ

一九二二年、テレザは誓いをもって正式に神に身をささげ、テクラという修道名を受けた。だが、いつもはプリマ・マエストラと呼ばれていた。神は、彼女によって聖パウロ女子修道会を、第二バチカン公会議が「広報機関に関する教令」によって認め、かつ奨励した使徒的活動に投じられた。

戦争の勝敗はすでに決しようとしていた。もう三人の娘は、灰緑色のシャツを縫っていなかった。その針はアルベリオーネ神父の「印刷学校」の小さな労働者が印刷した教理問答書を綴じていた。この協力に賛成する者もありはしたが、非難する人のほうがはるかに多かった。アルベリオーネ神父は何十人もの反対者を前にして、ひとりぼっちだったが、よく我慢し粘っていた。一九一七年の十二月八日（無原罪の聖母の祝日）に、アルベリオーネ神父が自分のもとに集まった最初の青年たちに語った言葉は、よく当時の状況をしのばせる。

「今日、わたしはとてもだいじな話をしたいので、これを着たままだ。（その日、彼は司祭の権威を示す短白衣とストラをつけていた。）わたしたちは、たびたび良い出版物を広めることの必要について話す。ほかの人びとも大勢出版の分野で働いている。ある者は名誉のため、ある者はお金もうけのため、ある者はただ好きだから、時間とエネルギーをこれに割いている。しかし、わたしたちが働くのは、趣味のためでも、名誉のためでも、お金もうけのためでもない。ただ神のみ栄えと、社会におけるイエス・キリストの勝利がほしいだけだ。

今日は歴史に残る日なのだから、書きとめておかなければならない。後に続く人たちが、この会のそまつな始まりについて知ることができるように。わたしたちの名誉のためではない。神が偉大な事業を成し遂げられるために、いかにそまつな者をお使いになるか、と人びとが見るためである。

この会ができたのは、わたしの力ではない。聖パウロが聖母に祈り、聖母が神に祈ってくださったおかげである。

創立の日以来、たびたびひどいあらしに遭った。わたしたちはみんな、だがとくにわたしは非難され、司教のもとにまで訴えられて……もう何もかもだめになってしまうと思われるようなひどい危機もあった。だが、神は助けてくださった。

ローマ（教皇庁）にも訴えられた。もし、司教があれほど精力的で常識のあるかたでなかったら、どうなっていただろう。

市長や県知事にも訴えられた。善良な人びともたびたび無理解のために悪口を言った。あなたがた自身、みな入会するまえにこの会についての批判を聞いたことをわたしは知っている。あなたがたのうち何人も、ひどい困難と戦って入会したのだ。だがこのような試練は、わたしたちがいつも謙遜であるために必要だった。この事業での主人公は神ご自身だということをわたしたちに思い出させるために必要だったのだ。」

切々と訴える創立者の声を聞きながら、青年たちはみな熱心をかき立てられ、生まれつつある修道会にいっそう強い執着を覚えるのだった。これら出版布教の開拓者たちは迷わなかった。アルベリオーネ神父の声だけをたよりに、ひたすらそれに従っていく……他のどんな批判も、彼らをゆるがすことはない。

テレザはそのころの印象をつぎのように語っている。

「わたしたちに理解させ、力を与えてくださっていたのは、神さまでした。たびたび一切が闇におおわれ、何も理解できませんでしたが、すべてをなさるのは神さまだ、という考えに励まされて続けてきました。わたし――おしゃべりで、会のなかの十字架であるこのわたしでさえ、けっして恐れませんでした。わたしたちと人びとの善益しかお求めにならないアルベリオーネ神父さまに、絶対的信頼を寄せていて、慈父に導かれているという思いで、ほんとうに心安らかでした。」

テレザはアルベリオーネ神父に無条件の信頼を寄せていたので、いちど彼に「はい」と言ったことはけっして取り消さなかった。テレザは言う。

「あるとき、神父さまは、わたしに、おっしゃいました。

――あなたはあまりわたしを信頼しすぎると思う。でも、信頼は神さまだけにおかなければならない。

わたしはそのお言葉について、よくよく考え、心のうちでこう思いました。わたしは神さまに対して、ほんとうに深い信頼を寄せている。そして、アルベリオーネ神父さまを信頼するのは、神父さまが神さまから遣わされたおかただと知っているからだ。神父さまがお通りになるところをわたしも通れる。それでたしかにまちがわず、安心していられる、と。」

テレザはいつも手をとってもらわなければならないように見えた。だが、それは性格の弱さや不安定のためではない。「わたしにとって何もこわくない」しかし、神のおぼしめしの不断の実行によってそのご計画に応じたいという望みのためだった。

「アルベリオーネ神父さまは、まるで幼い子どものようだったわたしたちの魂を養うために、愛情こめて真理のパンを割いてくださっていました。あの教え、あの勧め、心からのあの言葉、なんと優しくわたしたちの心に響いたことでしょう」というテレザの言葉を見れば、彼女が真理に渇く人で、またみずからを小さな者とわきまえた人であったと思わずにはいられない。テレザは「愛情こめて真理のパンを割いて」くれる人に、深い感謝を感じていた。

仕事と、教理をはじめ種々の勉強のうちに、日々は過ぎていった。アルバの聖ダミアノ教区にあった教理を教える者のグループに属して、やがて聖パウロ女子修道会の最初の細胞となるべき三人の娘は、教区の主任司祭フランシスコ・キエザ神父（司教座参事会員でもあったが、聖徳のほまれ高く、一九四六年に没し、現在列福調査中）から教育学の手ほどきを受けた。このような講座に出ることは、結局、神が新しい修道会に望んでおられるような特殊の活動に備える、直接の知的準備となるのだった。

やがて神の摂理により、特殊な使命にとりかかるときが、ついに到来した。テレザはそのときのことをつぎのように語る。

「一九一八年の夏でした。ある日、アルベリオーネ神父さまが言われました。――主はあなたがたに、すばらしい仕事をおさせになるために、いい機会をくださいました。でも、ここではなく、スーザ（北イタリア・アルバ市の近くにある町）で……。スーザのカステッリ司教さまは、司教区の新聞を印刷したり、配布したりする仕事を任せたがっておられます。どうですか、引き受けますか？

もちろんすぐにはお返事できませんでした。アルベリオーネ神父さまは続けて、

——あなたがたを待っておられる司教さまに何と答えましょうか？

そこでわたしは、

——神父さま、神父さまがご存じでしょ、わたしたちが幾人で、何ができるかということは。活字を組めるのはエミリアだけです。でも一人では少なすぎるでしょうね。どうなることでしょう？

——わたしたちの印刷所に習いに来ればいいでしょう。主と、聖母マリア、聖パウロが助けてくださると思いませんか？

——はい、神父さま、まいりましょう。

——じゃ、引き受けるんですね？

——はい、やはりお引き受けします。まいりましょう。

すると神父さまは、

——信頼していらっしゃい。しばらくひそやかに過ごしているうちに、神はあなたがたをお使いになるでしょう。

と結ばれました。」

彼女たちは行き、そこでアルベリオーネ神父とテレザをはじめ修道会のわずかな最初のメンバーの神に対する信頼は、ふしぎなほど豊かな報いを受けたのであった。もちろん、心を合わせて、信仰と犠牲と祈りをささげなければならなかったが……。アルベリオーネ神父は、男子聖パウロ会の青年たちにこのスーザの新しい家のため、一か月間熱心に祈るよう願った。

「聖パウロの娘たち（聖パウロに信心のあつかった彼女たちは、いつのまにかみんなにこう呼ばれるようになっていた）は、きっと成功するだろう。神のお助けがあればすぐにも成功するだろう。いままではあまり実を結ばない木のようだったから、植え替えなければならなかった。生長するには謙遜に深く根を張って、たくさんの祈りの水を注がなければならない。へりくだろうと思えば、彼女たちにとって易しいことだ。実際、これ以上何もできない者など、いはしないのだから。たいてい神は、無力な者をお選びになるが、これは明らかにその実例だ。彼女たちにできることといったら、ただ泣くだけだ。さあ、わたしたちは一か月のあいだ、彼女たちのために祈ろう。」

事実、彼女たちは、自分たちの無力と限界を悟っていて、泣くことしかできなかった。

「福音のなかで、主は万事うまくいくときにも無益なしもべだと思うように教えてくださいました。わたしたちの場合、なおさら、主ははじめから、すべてをなさるのはご自分だということを目に見えてお示しになりたかったのです。わたしたちは自分で何かできるとけっして思ってはなりませんでした。それは神さまのお働きを妨げるだけでしたでしょう。神さまのお望みは、そのおぼしめしを残らず受け入れ、彼にのみ完全な信頼を寄せること、だけでした。」

と、テレザは言った。この言葉から、テレザの深い謙遜と、主への限りない信頼、主のおぼしめしを余すところなく受け入れる覚悟が響いてくる。

スーザに着いたのは、一九一八年十二月十六日のことであった。彼女たちにとっては、スーザ、すなわち印刷所であって、町のたたずまいなどには何の関心もなかった。厳しい寒さ、がらんとした古い建物も少しも気にならなかった。夢と思いと話のたねは、いつもその熱望していた印刷所のことだけだった。

アルベリオーネ神父が印刷を教えるため、スーザに送った神学生は、この娘たちがあまり善意に満ちているのに驚いていた。まもなく、「マス・メディアを使ってする使徒職」の先駆者たちは、簡単な印刷機の操作と、植字・組版の仕方、ピンセットの扱い方、早くじょうずに台割りすること、校正、などを習った。こうして、ともかくスーザに着いた二週間後には、戦争のために三年も休刊していたスーザの教区新聞『ヴァルスーザ』の第一号が発行された。

フランシスコ・キエザ神父はこの第一号を読んですぐ、一九一九年一月十日、彼女たちに手紙を送った。

「なんとすてきでしょう！『ヴァルスーザ』の第一号を読みました。とてもよくなさいました。ほかの新聞に全然見劣りしません。神が祝福なさっていることが目に見えています。なんと幸せなことでしょう、あっというまに教壇に上って、教区全体に教えることができるとは！　スーザ教区のどんな説教師があなたたちほど多くの聴衆をもったでしょうか。あなたたちは、みんなによい言葉を送り出します。

新聞は一枚一枚、汽車のなかでも家でも学校でも、夜昼かまわず、どこでも、いつでも読むことができます。でも、言葉は精神に生かされなければならないことを忘れないでください。

活字を組んでいく一つ一つの言葉に、それぞれのページに、折る新聞の一部一部に、あるいは一つずつ宛名を書き込むごとに、この精神を吹き込み、善をおこないたいとの熱に燃えてください。

いつも、自分をイエスの協力者、イエスの秘書とみなしなさい。あなたがたの家の主人は、いつもイエスであるように、規則に完全に従うことによってイエスに従いなさい。互いに兄弟のように愛しなさい。支え合いなさい。互いに助け合い、同情し合い、我慢し合い、慰め合いなさい。

しかしこうするためには、互いの一致の中心がいります。聖体です。」

これは美しい手紙である。はっきりしていて、人を熱心に駆りたて、しっかりと方向を見定めさせる手紙である。行間には、使徒の精神、パウロ会の特殊な精神がにじみ出ている。人に対して印刷物のもつ影響を、完全に理解している手紙である。超自然的精神なしに、人のすべての行為はむなしいこと、つまり祈りを伴わず、生命であるキリストとの一致なしにおこなわれるすべての行為のむなしさについて、深い確信が表れている。

その小さい、幸せなグループの長であり指導者であったテレザは、この手紙を繰り返し、繰り返し読んで黙想した。テレザは知識に知識を加え、経験に経験を積んでいった。善をおこなう力も増していった。テレザは自分が死ぬまでもちつづけ、会員おのおのの心にも注ごうと努めた、あの使徒的熱誠をこめて働いていた。

同じくキエザという名前で一人の新聞記者がいた。

「一九一九年、わたしはスーザの司教、カステッリ師から教区のカトリック新聞の編集責任をもつようにたのまれました。新聞の印刷は、七、八人の若い娘に任されていました。その小さなグループと最初に出会ったときのことをまだ覚えています。すぐ目についたのはテレザ・メルロでした……正確に言えば、テレザの目だけですが、小さい真っ白な顔は、超自然的光を放つあの輝かしい目の印象のかげに消えるようでした。わたしはすぐ思いました。この人は苦行者だろう。まるでかすみを食べて生きているみたいだ、と。いや、かすみではなくて、祈りで生きていたのです。

いきなり彼女はこう言いました。

――新聞記者のキエザさんですね。あなたのかわいいいとこさん、マルゲリータとジーナに、わたしたちの会に入るよう勧めてくださいませんか？　びっくりしてわたしは返す言葉もありませんでした。テレザ・メルロのなかには宣教事業に対する熱誠と、できつつあった修道会に新しいメンバーを加えたいという熱意が燃え、そのためにあらゆる機会をのがさないように努めている、という印象を受けました。」

スーザで、最初に彼女たちは、編集し、印刷し、普及するという使徒職を試みた。

神父や信者たちの便宜のため、アルバの「新書院」よりも立派な書院をここに開いた。また、使徒職にいっそう効果をあげるための研修に励んだ。

創立者は言う。

「パウロ会の召命はまったく新しいものだった。テレザはキエザ神父から広く教えこまれ、それでその知性と心とを人びとの魂へと開くことができたのだった。そして、マス・メディアを知り、善を広げるにあたってこのメディアのもつ重要性を知ったのである。」

彼女たちは、アルベリオーネ神父から聖師イエスと、使徒の女王マリア、使徒パウロに対する信心を吹き込まれた。その修道生活は、祈りと、規律と、徳の実践でなければならなかった。

創立者は「信頼して行きなさい。しばらくひそやかに過ごしているうちに、神はあなたがたをお使いになるだろう」と言ったことがあった。

数年後、テレザは仲間たちと一緒にスーザからまたアルバにもどった。神が彼女にゆだねられた使命をさらによく果たすためには、始めていたいろいろの事業を発展させなければならなかったであろう。

テレザは全精力を傾けて働き、彼女の驚くほどの忍耐、賢明さ、繊細さ、信仰などが仲間の信頼と愛情をかちえていった。

この小さな会は、奇跡とも言えるほど異常な発展の力を見せた。聖パウロに倣う娘たちは、けっして立ち止まることをしない。「つねに前進！　前進！」これは創立者の口ぐせだ。けっして立ち止まってはならない。ある目標まで来てから、そこで満足を味わうために振り返ってみる者は、精神の平凡な証拠だ。だが凡人は使徒ではありえない。使徒はつねによりよいことを目指して燃えている。使徒はすでに果たした行程を顧みず、いつもいつも前方を眺めている。心はつねにつぎの目標にある。パウロのように彼らはつぎの目標に向かって驀進《ばくしん》する。「わたしは捕らえたとは思わない。努めることはただ一つ。後のことを忘れて先のことに向かい……目的を追求するのみ。」（フィリピ3・13）

試練、仕事、謙遜のいる犠牲、たえまない祈りのうちに、世間ではだれ一人知る者もない修道生活の七年が流れ去った。一九二二年の六月、その年の黙想をすませて、彼女たちのうちの九人は、清貧、貞潔、従順の誓いを立て、神と、みずからの特殊な使命に身をささげた。聖パウロ女子修道会が誕生したのである。

誓願の記念として、テレザ・メルロは聖パウロの最初の弟子であった聖女テクラの名を受け、アルベリオーネ神父によって新しい修道会の総長と定められた。

会員たちがテレザをどう思っているかについて、アルベリオーネ神父は、まえにも尋ねてみたことがあったが、みな言い合わせたように、テレザに深い尊敬を感じ、忠実に従いたいと思っていることを示した。アンジェラ・ラバッロは言った。

「マエストラ・テクラ（注）のおそばにいると、わたしはちょうど聖人伝を読んでその聖人に倣いたいと思う、そんな感じを受けます。」

注・マエストラとは、師の意味であるが、アルベリオーネ神父は、多くの修道会での慣例のようにマードレ（マザー）とかスォーラ（シスター）ではなく、マエストラと呼ぶように望んだ。この修道会の特殊な精神と手段によって、会員はみな聖師イエスにあやかり、人びとに真理を伝えなければならないからであった。もっとも、あとで、ある事情により、総長も含めてみんなスォーラと呼ばれることになる。

それを聞いたアルベリオーネ神父は、ほんとにそうだ、というようにほほえみながらうなずいた。

テレザとしては、もちろん総長の役目を全然望まなかった。彼女はただ自分のうちに神のおぼしめしが完全に果たされることのみを望み、何の制限もおかずにみずからを神にゆだねることを願っていた。だからこの重い責任を引き受けさせたのは、ただ無条件な従順と、神の計画に応じたい、という望みだったのである。

新しい役目は、たしかにいばらの道を歩ませるものだった。それ自体苦労だらけの役目につけ加えて、テレザは心から自分を至らない者と信じていたので、ふさわしくそれを果たすことはできないと考えた。彼女は思っていること、感じているためらいを打ち明けるため、キエザ神父のところに行った。神父は、こう言っただけだった。

「しかたがない。従い、そして信じなさい。」

神の助けに信頼して、テレザは承諾した。その信頼はあまりにも深く、澄みきっていたので、そのときも、その後に起こったあらゆるできごと、さまざまな苦しみにも、心の平和をかき乱されることはなかった。

困難はいくたびも波のようにテレザを襲い、彼女は一つずつその時期をのり越えていった。

ララオーナ枢機卿は、彼女の葬儀に列席し、使徒の女王聖堂に数知れず集まった彼女の娘たちに向かって、つぎのように語った。

「あなたがたは知らないでしょう、どれほどの苦しみ、どれほどの働き、どれほどの祈りがあったかを！　いまではあなたがたのために何でもそろっているが、それは、ひとりでにできあがったものではありません。そこにはどんなに大きな苦労、労働、戦いがあったことでしょう。どんなに多くの犠牲、どんなに大きな信仰があったことでしょう。ほんとに、『希望のない時にも、なお希望しつつ信じた』（ローマ4・18）のです。それは多くの子らの母となるためでした。一つの修道会のはじめは、ほんとうに何とも言えず美しいものです。神はあなたがたの巣、あなたがたのゆりかご、あなたがたの家庭、つまり完徳と使徒職の環境である、あなたがたの修道会を準備されたとき、あなたがた一人ひとりのことを考えておられました。

マエストラ・テクラはこのすべての仕事において、修道会の父（アルベリオーネ神父）とともに主役を務め、アルベリオーネ神父の創立した他のすべての会にとっても母のようです。発展は徐々におこなわれ、心配、悲しみ、涙を伴う危機もありました。わたしは、このようなことの目撃者です。おもてに表さなくても、つねに深い関心をもってそれに感嘆し、それにあずかる目撃者でした。物事のはじめは、つねにはっきりしたものではありません。少しずつ明らかになります。神はいつもこのようにおこなわれます。自然界においても、太陽は夜明けなしに昇るのではなく、少しずつ昇っていきます。日の出の輝きがすぐ真昼の強さであったら、わたしたちの目は急に慣れることはできないでしょう……。あなたがたのために、あれほどの献身と冒険に満たされた人、摂理の道具であった人の一生をかいつまんでお話しするのは楽しいことです。

わたしはマエストラ・テクラをよく覚えています。個人的には、あなたがたの総長さまと接する機会をあまりもちませんでしたが、彼女を覚えています。その姿は、その人格をはっきり示していました。彼女においてすべては澄みきって明るく、なんの極端なところもありませんでした。」

彼女はたくみに「困難な時」を忍び、不安のしるしを外部に見せることはなかった。彼女は一つの使命に召されており、地上にその足跡を残すべきだった。主は彼女を満たし、その完全な温順さに報い、ご自分の計画の実現のために彼女が必要とする恵みを惜しみなくお与えになった。たしかに、主は豊かにお与えになったが、彼女のほうでも受けたタレントを最大限に実らせた。

ある日のこと、アルベリオーネ神父は、彼女と、創立当初からのシスターたち

を前に、

「あなたがたはきっと、ときどき頭のなかで比べてみるかもしれませんね、わたしたちのこんなに小さな会と、もう何年もまえから、あるいはもう幾世紀もまえから、教会と社会とに大きな貢献をしてきた他の男女の修道会とを。でも、わたしはあなたがたに言いますよ。主があなたがたに期待しておられるのも、とてもたくさんのことです」と、預言のような言葉を口にした。

すると、自分の無力をだれよりも感じていたマエストラ・テクラは、自分の従順と神への奉仕に対する献身の決意を新たにするよう促す内心のささやきを、いっそうよく聴こうとする者のように面を伏せた。

「わたし一人では何もできません。でも主よ、あなたがともにいてくださるなら、何事もできないことはありません。」

この祈りは彼女の最も好きな祈りの一つで、自分とシスターたちのために深い確信をこめて繰り返していた。

アルベリオーネ神父は、この会の総長をプリマ（第一の、首位の）マエストラと呼ばせることにし、彼女はアルベリオーネ神父の意向を知ってこれも受け入れた。第一のマエストラ……のちにアルベリオーネ神父が言うように、彼女はまことに第一人者だった。徳において第一、修道的規律の順守において第一、兄弟愛の実践において第一だった。

この名のイメージは、彼女の人格と結びついて、全世界の会員にとってこのうえなくなつかしいものとなるだろう。この本のなかでわたしたちも、しばしば彼女をこう呼ぶことになる。

初期のシスターの一人はつぎのように書く。

「創立のころのプリマ・マエストラの模範はけっして忘れられません。たとえば、当時よく院内の模様替えなどがありましたが、そういう引っ越しの労働にも、いつもプリマ・マエストラは中心で、みんなの先頭に立っておられました。いつも単純で、愛情深いすなおな態度で、みんなをリードしておられました。掃除でも、料理でも、食卓でも、製本場でも、あるいはレクリエーションのときにも、わたしたちはみな、プリマ・マエストラを眺めることに夢中になっていました。何でもじょうずで、すばやくおできになるのでした。すべて立派で、そのころから、自然的にも超自然的にもとても恵まれたかただということは目立つほどでした。」

創立者から与えられたその新しい呼び名は、いつも彼女に自分の責任と至らなさとを思わせた。だが、同時に力を奮い立たせ人格を高めさせる名でもあった。自然的にすでに多く恵まれた人であったプリマ・マエストラは、アルベリオーネ神父に、あのすばらしい寛大さでささげた最初の「はい」によって、ますます豊かな者となった。あとはこの寛大な「はい」を繰り返すだけである。創立者が彼女をプリマ・マエストラと名づけ、総長の使命を負わせたとき、涙を流しながらその責任を引き受けて、最初の「はい」に新たな「はい」を重ねたのである。

万事において創立者に従うこと、それはまるでこだまが声に従うかのようだった。創立者に対する自分の場を完全に認識し、忠実に最後までその場にとどまった。

外に見えるところでは、プリマ・マエストラの生活は少しも他のシスターと変わらなかった。目立っていたのは、その役割のためではなく、それを果たしてゆく彼女の単純さだった。ごく自然に見える普通の生活が、同時に最もすぐれた生活になっている……それは、それが意識的で、たえまない寛大な献身で高められているからだ。

聖性は、忠実と神への愛で成り立っている。神のみ前には、人の占めている地位など、いったい何物だろう？　神のみ前に価値あるのは、人のおこない方、おこなうときの心がまえ、意向である。

プリマ・マエストラがとくに心がけていたのは、各瞬間の自分の立場にあって、万事に神のみ心にかなうようにということ、言い換えれば、余すところなく与え、いけにえとしてささげ、苦しむことによって神を愛することだ。自分の至らなさを知り、主がお望みになるままにお使いになれるもの、とプリマ・マエストラは自分を見ていた。そして神に従うことこそ、プリマ・マエストラにとっての平穏の源だった。これはほんとうの謙遜であって、ほんとうの謙遜だから、神のお召しに聖なる大胆さで応じることができたのだ。

「聖なる大胆さは、謙遜な人のものである。信仰と希望と愛が人を大胆にするように、まことの謙遜もそうである。」

神は彼女を招かれ、預言者イザヤを名指しで呼ばれたと同じように彼女の名をお呼びになった。「わたしはあなたを名指しで呼んだ。あなたはわたしのものだ。」（イザヤ43・1）そして、彼女はそのお召しに答えた。

まことに謙遜な人は、寛大に答える。まったく身にふさわしくない、と知りながら、主が名指されるのを聞くときに、「主よ、わたしはここにいます」と答えなければならないことも知っている。ちょうど「あのすばらしく謙遜であった処女マリア」が最高の召命を受けて、「ごらんください、わたしは主のはしためです」（ルカ1・38）と答えたように。

修道会の統治の任にあたるようになってから、プリマ・マエストラは、すでに家庭にいるときから実行してきたいろいろな徳をさらに完成させるべく、驚くほどの熱意を傾けた。修道生活のなかで神にみずからをささげる人にとって、美徳は、何よりもすばらしい飾りである。謙遜を伴ってはじめて円満なものであるあの従順、自己放棄と切り離すことのできないあの清貧、不断の祈りの精神と賢明さと神への愛によって研ぎ澄まされるあの貞潔——これらはプリマ・マエストラのうちによく融和されていた。

もちろん、彼女も、これらの美徳をゆりかごにいるときからもっていたのではない。たえざる内的働き、たゆまぬ意志の努力、神のささやきにゆだんなく耳を傾けすぐにそれに応えるという、穏やかだがたえまない心遣いによって獲得し、進歩していったのだった。

彼女にもその欠点があり、勝利と敗北と立ち直りとがあった。会の創立当初から、彼女の最期の日までを見とどけた人は、その間プリマ・マエストラが休むことなく神に向かって進歩し続けたことを認めるだろう。彼女も少しずつ磨かれ、少しずつ、もっと優しく、もっと寛容で、もっと親切になっていった。謙遜も日ましに深まった。神の恩恵と、彼女の魂のうちに働かれる聖霊の感嘆すべきみ力は、ここに現れる。

6　隠れた美徳

人目につかぬ隠れた徳が彼女の生涯を織りなしていた。謙遜、従順、神のおぼしめしへの委託……それは、人の前にはそまつだっただろうが、「これこそ主のみ心にかなうもの」と彼女は呼んだ。このたえざる実行によって、プリマ・マエストラは聖師イエスのみ心を喜ばせる。

聖人たちの秘訣は、謙遜を心から尊重することと、深い愛をもつことである。これはプリマ・マエストラの秘訣でもあった。すべての行為が謙遜という土壌に根づいているということは、プリマ・マエストラの内部からの要請のようだった。そして彼女は自分の娘たちにも、謙遜に伴う美徳——温順さや、神のおぼしめしへの信頼と従順など、人目につかぬ安全な道を行くよう勧めてやまなかった。その飾り気のない励ましの言葉には、大きな説得力があった。

「なぜ、何年たっても、わたしたちは同じ欠点をもっているのでしょう？　それは、どんなことがあってても自我を放棄して代わりに神さまを立てたいという、決断まで至らないからです。どんなはずかしめに遭ってもかまわない、どうしてもこのことに成功したいと思わなければなりません。」

プリマ・マエストラは自分の足りなさ、不完全さ、を認めながら、その自分を矯正していくための輝かしい手本を示した。

「はずかしめを甘受することについて、聖なる競争をしましょうか？　ただ、謙遜の訓練ということでは漠然としています。はずかしめの甘受と言えば、もっと具体的で、聖なる謙遜を獲得させてくれます。もしわたしたちが、この徳を実践すれば、他のすべての徳は自然に身につくでしょう。」

「ときどきわたしたちは、これもした、あれもした……と言っています。でもそれをしたのはだれでしょうか？　なさったのは主です。何かよいことがおこなわれるとき、それはやはり主のみわざなのです。わたしたちが自分でしなければならないことといったら、へりくだることだけでしょう。わたしたちはたびたび主の恵みを妨げてしまうのですから。」

「ときどき、ある人びとは、『あなたがた聖パウロ女子修道会の人はいろいろと善をなさいますね』と言ってくださいますが、実際にはわたしたちが何をしたというのでしょう。福音書のなかでイエスは、なすべきことをすべて果たして『わたしは無益なしもべです、なすべきことをしただけです』と言うように教えてくださいました（ルカ17・10）。この真理を記憶にとどめましょう。自分だけで、わたしたちには何ができるでしょう？　何も……自分だけでは何もできませんが、でも、主がご一緒であれば、何でもできます。」

「とりわけ、他人に親切に仕えさせる謙遜を実行するよう努めましょう。イエスが地上に来られたのは、『仕えるため』でした。わたしたちは自分を人びとに仕えるべき者としてみなしていますか？　人の上に立つ支配者ではなく、互いに仕える者となりましょう。もし不親切な言葉を受けるなら、〝わたしはしもべにすぎない、みんなに従い、みんなに仕えなければならない〟と思って、我慢しましょう。『神の御母』とあいさつされながら、ご自分を神のはしためと宣言なさった聖母に倣い、このような考えを養いましょう。」

「自分のうちに何かの欠点を見つけるとき、祈りましょう。姉妹にも祈ってもらいましょう。ときどき人にわびることはよいことです。『ごめんなさい、失礼しました、わたしのために お祈りして……』こういうふうにしてわたしたちは徳を実践し、天国のために功徳を積むのです。人生は矢のように過ぎ去り、わたしたちはどうしても聖人にならなければならないのだということを忘れないように！」

プリマ・マエストラは、謙遜の極みに至るために聖師イエスを模倣した。聖師に対するプリマ・マエストラの信心は、ただの理論ではなく、実生活に生きた信心だった。「わたしはあなたがたに手本を示した。あなたがたにもそうさせるためである。」（ヨハネ13・15）

プリマ・マエストラの信心はこのお言葉の実行にほかならなかった。

母から受けたすばらしい教育によってプリマ・マエストラには、謙遜の堅固な土台ができていた。プリマ・マエストラ自身すなおにそう言っている。

「少女のころ、聖アンナ修道院に通っていて、そこである日院長の前で弁解の言葉を並べているシスターを見ました。わたしは母から、弁解してはいけないと教えられていましたので、ちょっとびっくりしました。謙遜でなければなりません。人からの注意を、たとえ自分が悪くなかったとしても、聖なる謙遜をもって弁解せずに受けなければなりません。」

創立のころからのあるシスターはつぎのように言っている。

「プリマ・マエストラは、ご自分のせいでないのに悪く思われたとき、黙ってそれを受けておられました。また、だれか会から去ったとか、何か会員のあいだに反則が起こったとき、プリマ・マエストラは食堂で一同の前にひざまずき、

——わたしのせいです。ゆるしてください。

と言っておられました。それは見せかけではなく、心からの謙遜から出ていましたので、とても感動させられる場面でした。プリマ・マエストラはけっして悲劇の作者ではありませんでした。いつも、どんなおこないにも言葉にも、わざとらしさは全然なく、真実でとても自然でした。」

そこでプリマ・マエストラの魂は、いつも澄みきっていて、平和に満たされていた。何の虚飾もなく、何の見せかけもなく、すべてはまっすぐで、純朴そのものだった。神と人びととの善を求め、謙遜と無条件の従順によって自己の聖化を求

める人、これこそプリマ・マエストラの精神的姿である。プリマ・マエストラの性質を支配する最高の法は、従順であるかのようだった。温順で欠けることのない従順が、彼女のすべての偉大さと聖性を成していた。

およそ、何事かの創始者というものが定めることは、ときどきわたしたち凡人の目に少し変わって見えるので、彼らに従うには、英雄的なまでの徳が要求される。彼らが目指す終点は、わたしたちの視界を越えているので、ときどき論議の的にしたり、従順に限界をおいてみたくなる。しかしプリマ・マエストラは、何もわかることができなかったときも従っていた。言うまでもなく彼女にとってつらかった。強い人格の持ち主で賢い人は、自分のやり方というものをもっており、それで考え、見、判断する。だが、プリマ・マエストラを外からだけ見るときは、まるで彼女が温順と完全な服従、委託を好み、服従することを渇望し、隠れた徳にあこがれている、としか見えなかった。このような徳についてのプリマ・マエストラの話やそのごく自然な実行を見ると、まるで彼女の自然的傾向のようにさえ思えた。しかし、実際にプリマ・マエストラの強く意志的な性質、自己を支配する力、理知としっかりした人柄を考えると、その謙遜と従順は、たえざる努力と自己支配の結晶だったと思わざるをえない。主の恩恵と彼女の努力の結実であった。

プリマ・マエストラの従順と謙遜とは、創立者に対する正直でしっかりした服従を生じさせた。そしてそれこそ、彼女と、やがて非常に数を増した聖パウロ女子修道会の会員に健全で実り豊かな生命を保証するものだった。

「神の事業は、金銭で実現されることはない。祈りと信仰と、謙遜の上に建つものだ」と、これはアルベリオーネ神父がしばしば繰り返した言葉である。

プリマ・マエストラは祈りの人で、信仰あつく、たえまなく英雄的にまで謙遜を実践した。プリマ・マエストラの死の二日後、一九六四年二月七日、創立者は会員に説教して、

「プリマ・マエストラの聖化の秘訣は二つありました。それはたしかに成功させてくれる秘訣です。すなわち、謙遜と信仰。聖フランシスコ・サレジオが『わたし一人では何もできません。でも主よ、あなたがともにいてくださるなら、何事もできないことはありません』という言葉で表した秘訣です。温順さに導く深い謙遜、祈りに導く生き生きとした信仰」と言っている。

プリマ・マエストラの謙遜を示すいくつかのエピソードを見よう。

イタリアのトリエステ市にある修道会の支部修道院で、プリマ・マエストラはある人に面会したが、その人は広報機関による宣教活動を非常にほめていた。そしてこの修道会が社会でおこなっている善のため、といって総長に感謝した。彼女は、

「わたしは何もしませんでした。創立者はローマにいますし……わたしたちはただ神さまのみ手におかれた道具にすぎません」と答えた。

観想修道会を援助する一つの委員会の長を務めているイシドロ神父は、つぎのように言う。

「プリマ・マエストラと会ったり、わたしの仕事のために援助を求めたりするたびに、わたしは感激していました。たしかにプリマ・マエストラの特長は深い謙遜でした。彼女のうちに見えたのは聖パウロが『キリストとともに神において隠れた』（コロサイ3・3）という姿です。でも、その顔には隠しきれない力が見えていました。彼女は確信をもった人で、均衡のとれた人でした。

わたしは、いつも特別にわたしを手伝ってくださっていた聖パウロ女子修道会

にお礼をいう義務のようなものを感じていたので、女子修道会の講習会があるたびに、まごころからそうしていました。プリマ・マエストラはわたしに言われました。

——神父さま、神さまへの愛のためにお願いします。もうお礼をおっしゃるのはやめてください。もしわたしたちの会のメンバーが、神さまのお助けで何かできるとすれば、この世で感謝を受ける必要はありません。主が見ておられ、主が報いてくださるでしょうから。それに修道会自体、メンバーの善行を必要としているのですから。

わたしは、このシスターは、とても謙遜で、だが同時にとても決断力のある人だと考えました。」

あるとき、プリマ・マエストラは涙を浮かべながら、ローマの修道院のみんなに講話を始めた。

「わたしの悪い手本のために、みなさんのおゆるしを願います。修道会から神さまの恵みを遠ざけるのはわたしです。」

一九二四年九月二十三日、聖女テクラの祝日に、シスターたちは短いが愛のこもった祝辞をささげた。するとプリマ・マエストラは祝いのために集まっていた一同の前にひざまずいて、よくとおる声で言った。

「ごめんなさい、わたしはみなさんにゆるしていただかなければなりません。入会する人が少ない原因はきっとわたしの罪のためですから。」

若い志願者の養成の任にあった一人のシスターが、

「そんなふうにおっしゃってはいけません。よしてください」とささやいた。

謙遜に従順の行為を合わせて、彼女はすぐ立ち上がった。

一九四七年、アメリカでプリマ・マエストラはある司教に面会のため司教館に行くことになっていた。一人のシスターが、

「もっとよいヴェールをおもちですか？　いまお召しになっているのは、こんなだいじな訪問にふさわしくないでしょう」と言うと、

「わたしもそう思いました。でも、自分がおしゃれのためではないかと思ったので、だれかに注意されるかどうか、ようすを見合わせたのです。」

プリマ・マエストラはメキシコの視察旅行からの帰路について、別れてきたシスターたちにこう書いた。

「飛行機から見えるかぎりあなたがたを見つめていました。……わたしにしてくださった親切、優しい心遣い、愛のために感謝します。主があなたがたにお報いくださいますように！　もしあなたがたの期待にそえなかったのでしたら、どうかゆるしてください。神さまのおゆるしも願います。聖母がわたしの至らなさを補ってくださいますように。互いに祈りましょう。わたしたちみんなに、神さまのあわれみが必要です。」

修練長にあてて、こう書いた。

「わたしに何かいけないこと、またはもっとよくしなければいけないことをごらんになったり、お聞きになったりしたときは、ぜひ注意してください。ずっとまえにあなたをわたしの忠告者と選んだことを覚えておいでですか。あなたが愛をもってそうしてくださることを信じて、いまから感謝します。」

アルベリオーネ神父はある神父に、毎日曜日、彼女たちに教理を教えさせていたが、その後、シスターたちが、自分たちのあいだでそれぞれクラスを作って教理の研究をするように決めた。プリマ・マエストラが創立者のその命令をみんなに伝えたとき、一人のシスターが、
「残念ですね、あんなによく教えてくださっていましたのに」と言うと、
プリマ・マエストラは、「わたしもそう思います」と言った。しかし、翌日になって、自分が直ちに創立者の命令を喜んで受けなかったことと、その気持ちを表して悪い手本になったこととをわびた。もちろん残念とはいっても、服従するなら、何の悪いこともなかったが、プリマ・マエストラは完ぺきなまでの従順を求めていたのである。

心から無礼をゆるすほどの深い謙遜を実行するため、プリマ・マエストラは福音の原理によっていた。何かちょっとした不正を受けたために弁解した幾人かのシスターに、プリマ・マエストラは小さな手紙を渡したが、その封筒には、「聖体訪問のときに読んでください」と書いてあった。なかにはつぎの一句があった。
「イエスは、『悪人に逆らうな、もし人があなたのほおを打ったら、反対側もこ

れに向けなさい。また、あなたの下着を奪おうとする人がいたら、上着も与えてやりなさい。またむりやり千歩歩かせようとする人がいるなら、二千歩一緒に行ってやりなさい』と言われた。」（マタイ5・39〜42）

ときおり、何か、どこからか、修道会に不正なことをされたかのように嘆く者があると、プリマ・マエストラの口から出るのは、たいていつぎのような言葉だった。

「気にしないで。主にも、いろいろ不正がなされました。何でもありません。黙って静かにしているとけっして損しません。主にお任せしましょう。それに、福音に書いてあることは機会があるときでなければいつ実行するのですか？」

あるシスターはつぎのように言う。

「うるさくわたしを悩ませる困難についてプリマ・マエストラに打ち明けると、あるときこう言われました。

——ゆるさなければなりませんよ。わたしたちは福音を普及するだけでなく、それを実行しなければなりません。主は慈悲ぶかいかたでしょう？　ですから主に倣うことができるよう、つまり主のみ教え、ゆるすことを実行するために、主が機会を与えてくださるのです。人から悪く思われることを甘受しなければなりません。」

シスター・アスンタ・バッシは職務上しばしばプリマ・マエストラと接する機会に恵まれた人である。

「ある日、わたしはプリマ・マエストラに言いました。

――プリマ・マエストラは、たびたびきつすぎますよ。

するとプリマ・マエストラは謙遜に、こうおっしゃいました。

――はい、知っています。ほかのシスターもそう考えていることをよくわかっています。残念ながらこのきつい性質を家の血筋から引いたのです。……直さなければいけませんね。」

プリマ・マエストラは、手にせっぷんされることを好まなかった。それは表敬のしるしとして習慣のようになっていたのだが……。プリマ・マエストラがイタリア国内の支部修道院を視察するとき、車を運転してよくついていったシスターは、せっぷんされそうになると、プリマ・マエストラが手をひっこめるので、あいさつしようとしたシスターが悲しがっているのに気づいた。そこで運転のシスターは率直にこう言った。

「プリマ・マエストラ、そんなふうになさってはいけません。シスターが悲しむことにお気づきになりませんか？」

プリマ・マエストラはびっくりしたようすで、

「そう？　気がつきませんでした。ほんとに言ってくださってよかった。もしだれもわたしたちの欠点を話してくださらなければ、わたしたちは直すことができませんね。」

あるシスターは言う。

「入会したとき、一つ特別な印象を受けたことがありました。わたしが知っていた多くの修道院ではどこでも、聖堂で院長には決まった席があるようでした。でも、プリマ・マエストラは、どんな場所にでも、そっと座っておられました。それを見て、とてもよい感じがしたものです。」

プリマ・マエストラ自身、けっして自分が他のシスターよりも上位にあるとは思っていなかったのだ。

「愛は細かい点まで実行しなければなりません。互いに親切に優しく応対し、デリケートな心遣いをもってください。たとえばときどきだれかはシスターのそばを通りながら、『ごめんなさい』と言わないためにぶつかってしまいます。そしてわたしのそばを通るときそんなことになると、『あっ、すみません、プリマ・マエストラだと気がつきませんでした』と言います。では、プリマ・マエストラとわかっていたら、しなかったのでしょう。なぜ同輩なら平気でするのですか?」

プリマ・マエストラは、「わたしと他のシスターとに何の違いがあるのか」と言いたかったのである。

フィリピンのある院長は言う。

「視察のあと、たいていわたしに、じゅうぶんなことをしてあげられなかった、悪い手本を見せた、といっておわびの手紙をくださいました。いうまでもなく、じゅうぶんしなかったどころか、ほんとにしすぎるくらいしてくださいましたのに……そしていつもよい手本だけを見せてくださいましたのに……。」

兄のコスタンツォ・メルロ神父は、「いま、わたしはテレザの生涯を一目で見わたすことができるので、妹は『人に知られないこと、自分を無と見ることを愛せよ』（『キリストに倣って』）という言葉を最高度に実行した、と確信します。これこそ、謙遜の黄金律です。これによって、妹は、偉大な事業を果たしました」と言う。

謙遜と従順と神のみ旨への一致とには、密接な関係がある。従順、つまり自己の意志の完全な放棄は、謙遜の徳によってのみ実行される。謙遜とは、自分のうちにキリストを生かすためにたえまなく死ぬ、ということだから、神のおぼしめしへの完全な委託とは深い相関関係にある。

この原理の真実性を、プリマ・マエストラの生活と言葉ははっきり示してくれる。

「もしわたしたちが従順すれば、神さまのおぼしめしをおこなうと確信できます。たとえ命令がまちがっているとしても、それを実行することによって、神さまからさばかれはしません。従順のうちに平和と穏やかさがあります。でも従順は謙遜を前提とし、与えられるどんな任務でも受けることを要求するのです。ヨハネ二十三世教皇のモットーは〝従順と平和〟でした。教皇はいつも従われました。そのためにいつも喜び、平和を楽しんでおられ、聖人になられました。従うなら平和を享受するでしょう。三位一体のうちにわたしたちは従順の模範を見ます。御父は御子をお遣わしになり、御子は従われます。『わたしの意のままではなく、おぼしめしどおりに！』（ルカ22・42）聖霊もそうです。聖母もそうです。聖母はいつも『はい』を繰り返されました。わたしたちの師父パウロの手本も同じです。『主よ、わたしは何をすればいいのですか？』（使徒言行録22・10）

わたしたちについて定められたことを受け入れましょう。そうすれば平和でいられます。臨終のとき、『主よ、わたしはいつもあなたのお望みのことをおこなってきました』と言うことができれば、なんとしあわせでしょう。ここにすべてがあります。神さまのおぼしめしをおこなうなら平和を享受し、やがてヨハネ二十三世のように天国に行きます。

臨終のとき、平和と穏やかさを味わうために、いま、従順に大きな犠牲を払っても、それだけの価値があります。互いのうえにこの恵みを望みましょう。」

当時修練長だったシスター・ナザレナ・モランドにあてて、

「しばらくまえから、わたしは決心として、神さまと聖母マリアに自分を委託することに努めています。アルベリオーネ神父さまは、わたしにすべてを愛に統合させなさいと言われました。すべてを愛に統合する――これを実行するには、み旨をおこなう以外に方法がないとわたしは思いますが、あなたはどうお思いですか?」と書いた。

この感動深い言葉にプリマ・マエストラの霊的豊かさがにじみ出ている。

プリマ・マエストラが入院しているころ、アルバーノの診療所づきで、毎晩プリマ・マエストラと他の重体のシスターたちを見回っていたドラゴーネ神父はこう証言している。

「プリマ・マエストラは、その病気の八か月というもの、つねに、神のおぼしめしをおこないたいという覚悟で、万事に従っておられた。体の具合がいいときは、ときどき心配に思うことをわたしに打ち明けられた。

――わたしは何の苦行もしていません。いま、体に痛みもありませんし、そうかといって働くこともできません。どんな犠牲をささげたらいいでしょう?

わたしはいいいました。

――主はあなたに、自分の役目上の仕事ができず、活動もせずに、何の役にも立たない状態にいることをお望みになったのですから、主から与えられたこの苦しみをお受けなさい。これこそ苦行ですよ。あなたにできるいちばんすばらしい苦行は、神のご意志に自分の意志を合わせることではありませんか？

プリマ・マエストラは、はじめから終わりまでこの勧めに従われた。もちろんプリマ・マエストラにとってつらかった。しかしこれも、もう一つの、言語障害という犠牲とともに、寛大な心で神にささげておられた。記憶力は少しずつ衰え、話すことはますますむずかしくなった。言葉が思い出せず、自分の考えを表現できなくなった。あれほど利発だったプリマ・マエストラにとって、これはとくにつらいことだったと思う。これに気づいたとき、彼女は言った。

――主は、たぶんわたしに考えを表すことを、犠牲にするようお求めになるのかもしれませんね。

――もし、ほんとに主がそれをお求めになるなら？

――おささげします。いまから、それを受け入れます。つらいことですが、喜んで。

彼女はこの神のおぼしめしへの委託に日々忠実であって、従順の徳は日々ますます磨かれていった。

最期に近づきながらプリマ・マエストラは、人のあいさつに、ほほえみか、できれば、『神に感謝！』という言葉で答えておられた。何か言おうとして二、三の言葉を口にすると、もう後が続かない。そのつらさの結論は、何だったろう？澄みきったほほえみ！　そしてときどきこのほほえみに大きな二粒の涙……。しかし、このほほえみと涙に、かならず彼女の完全な委託の表現であった一つの言葉をそえた。『我慢しましょう。』それとも真実の感謝を見せて『神に感謝！』と。

言いたいことも言えないあのような状態になって、そのために神に感謝してほほえむということは、凡人のわざではない。

プリマ・マエストラは、神と人びとのためにささげた活動の、多くの貴重な経験に富んだ生涯の終わりに、たしか、みんなに、またはだれかれに、言いたいたくさんの言葉があっただろう。が、すべてを放棄して、神のおぼしめしであれば余すところなく、限界も例外も設けずに……。

プリマ・マエストラは総長の重責を辞任したがっていた。病気の最初の兆候があってのち、それについて相談した。

――いま、わたしは修道会を治めることができなくなりました。わたしは辞任しなければなりません。新しい総長を選ばなければなりません。

――上長（教会内の全修道会を監督する修道者聖省＝現在は奉献・使徒的生活会省）に申請なさい。ご自分の意見を申し出てごらんなさい。そして決められるようになさったらいいでしょう。

プリマ・マエストラは、自分の意見を言うべき人に表し、そしてそのまま留任するようにとの返事を受けた。すると、それを受け入れて二度と頼まなかった。普通に考えれば、その願いを繰り返す理由はじゅうぶんあったが、プリマ・マエストラは、論じようとする人ではなかったから。個人について決められたことについてはもちろん、修道会に対して決められたことについても、けっして二度と論議の的にはしなかった。そこで一度自分の考えを述べたあと決められたことに服従して、最期まで総長の任にとどまった。〝これは主のおぼしめしである〞プリマ・マエストラにとってそれだけでじゅうぶんだった。

病気の初めからプリマ・マエストラの覚悟はこうだった。〝主がわたしの生命をお求めになるなら、おささげします。自分のために何もとっておこうとは思いません。わたしは準備できています。主はお望みのときわたしをお呼びになってけっこうです。み旨がおこなわれますように。〟」

7　信仰・剛毅・優しさ

才たけた女性は、つねに優しく話さなければならない。プリマ・マエストラはそのとおりだった。しかし、その優しさ、平和、落ち着きと同時に、なんと大きな力をもっていたことか！　自己を支配し他人を治める甘美な力、だれも逆らうことのできないその力。（ララオーナ枢機卿）

プリマ・マエストラは「強い女性」だった。聖書に「強い女性」として描かれた人の姿はプリマ・マエストラの精神的容姿をほうふつとさせる。「力と美とはその衣。彼女は賢く口を開く。その舌にはいつくしみと掟の言葉がある。家の人の出入りをよく見守り、無為に暮らしてパンを食べることはない。」（箴言31・25〜27）そしてプリマ・マエストラが強い女性だったということは、彼女の無条件の温順さ、深い謙遜、み旨への完全な委託にもとづいていた。

プリマ・マエストラの生活は、剛毅と決断力、神がお望みになる事業を始めたり完成したりするために必要な勇気のいる日々の連続だった、と言えばあたっているだろう。

はっきりした光に照らされて、一方では自分の無力を、他方ではキリストの力を正しく判断した。キリストがすべておできになり、キリストがすべてをご存じだ。そして、キリストはわたしのうちに住まわれ、わたしに教え、わたしを導き、支えてくださる……「万有の主であるキリストは、わたしのものである。彼においてわたしはすべてを所有している」この事実を確信することによって、プリマ・マエストラは自分を富んだ強い者と感じた。

プリマ・マエストラの謙遜も、偉大さも、勇気も、剛毅も、信仰もみな「キリストとともなる生活」から生じる。

「信仰のある人は、そのおこないに、その言葉に、その徳に、力があり、神のみ前にも人の前にも力ある者である」と、アルベリオーネ神父は言った。

信仰がこのうえなく強かったので、プリマ・マエストラがあれほど容易にすべてをよくし、あれほど効果をあげたのは、驚くべきことではない。ひ弱な体であれほど激しい活動をなしえたことは驚くべきことではない。弱い体に完全な剛毅、強い性格にすぐれた忍耐と優しさ。慎みぶかく控えめであって、しかもあらゆる分野における愛の実行者。

プリマ・マエストラのうちに働いたのは、恩恵と信仰の力だった。それは勇気と剛毅と忍耐を生じる力である。

たえまないあらゆる困難と戦ってうらやむべき力と平衡感覚でそれに打ち勝った。試練や心配が信仰をますます強めた。アルベリオーネ神父は、まったく並はずれた苦労ばかり強いるような協力を彼女に求めた。精神の強さばかりか、ときとしてそれは英雄的努力まで要求するものだった。そしてプリマ・マエストラはつねに期待にそむかなかった。一度ならず真に英雄であることを示した。聖パウロの言葉が「わたしを強めてくださるおかたによって、すべてできないことはない」（フィリピ4・13）というとおりである。この聖パウロの言葉をプリマ・マエストラは「わたし一人では何もできません。でも主よ、あなたがともにいてくださるなら、何事もできないことはありません」の祈りにつづめていたのである。

彼女は勇気をもって人びとにもそれを伝える。彼女の祈りと言葉と沈黙と忍耐、それに従順は、創立者を励ました。アルベリオーネ神父にとって実に彼女は片腕だった。つまり神が、特別な使命の果たし手として起用された人の、なくてはならない精神的支柱だったのである。アルベリオーネ神父の驚くべきわざの実現に、彼女の協力は、実に効果的だった。

プリマ・マエストラの葬儀の日、男子聖パウロ会の一神父は、師イエズス修道女会（聖パウロ家族の一つとして同じくアルベリオーネ神父によって創立され、もっぱら典礼と司祭に仕え、広報機関による宣教事業のために祈る修道会）のシスターにつぎのように話した。

「プリマ・マエストラというすばらしい神のたまものに感謝しましょう。また、プリマ・マエストラが創立者に与えた多くの慰めのためにも感謝しましょう。いま、だれよりも苦しんでいるのは彼です。プリマ・マエストラの死は、アルベリオーネ神父にとって最大の苦悩の一つだと思います。もちろん神父は、神のみ旨として礼拝しつつこれも受け入れたでしょうが、痛みはいつまでも残るでしょう。」

この事業にプリマ・マエストラの影響がどれほど大きかったかを、だれよりもよく知っているのは、いうまでもなく創立者自身である。創立したのはなるほど彼である。しかし、かたわらにあったプリマ・マエストラの存在はけっして第二義的なものではなかった。むしろ不可欠の存在だった。アルベリオーネ神父も、プリマ・マエストラの協力をけっして低くは評価せず、繰り返し強調している。「プリマ・マエストラについて、つぎのことも声を大にして言わなければならない。彼女は、祈りによってだけでなく、直接間接に、すべての『聖パウロ家族』（注）の創立と成長に協力した。聖パウロ会、師イエズス修道女会、よき牧者イエス修道女会、使徒の女王修道女会、司祭なるイエス会、大天使ガブリエル会、お告げの聖マリア会、パウロ会協力者のグループのすべてに。彼女の心は主イエスのみ心にあやかって偉大だった。このすべての会に関心を寄せ、その困難をともに感じ、発展をともに喜んだ。最期の病床でも、いつもみんなを思い出して祈っていた。」

注・アルベリオーネ神父は、このときまでに種々の分野で活動する五つの修道会と三つの在俗会を創立し、また、これらの会に協力する「協力者会」を組織しており、これらを総称して聖パウロ家族と呼んだ。その後「聖家族会」が創立されて、これに加わった。

もう一人の神父もつぎのように言う。

「プリマ・マエストラについてたくさんのことが語られましたが、わたしはとくに聖書が理想的女性について語るあの美しい言葉をプリマ・マエストラにあてはめたいと思います。『多くの女性はふしぎをおこなったが、あなたはだれよりも優っている。』(箴言31・29) そこであなたの娘たちは立って、今日、あなたを幸いな者と宣言する。彼女の娘たちだけでなく、聖パウロ家族の者は、みなともに立って彼女をたたえるのです。」

アルベリオーネ神父の非凡な知性から生まれた驚くべき事業の今日の発展と隆盛は、プリマ・マエストラの働き、励まし、協力によってしだいに築きあげられたものである。しかしやはり、何よりも聖パウロ女子修道会の発展は、日々新たにされたプリマ・マエストラの信仰と勇気のたまものなのである。神の栄光と修道会の発展のためには何ものをも惜しまない覚悟の、あの強い意志を、会員たちは事あるごとに見てきた。

一神父は、プリマ・マエストラをつぎのように見る。

「プリマ・マエストラ、偉大な信仰をもった女性、人間的にはとても不可能と見える希望や計画によって、彼女は今日、あなたがたがあとを継ぐすべてのものを打ち建てられました。すでに全大陸に散在する多くの娘たちの母！　その娘たちは、さらに日を追ってますます増加し、世の終わりまでかぎりのない使徒職の偉大さと豊かさを証明し続けるでしょう。

たびたびわたしたちの頭では、ある試練とか、ある企画、困難、人の無理解、ときにはある迫害、あるいは創立者たちのもつ預言的態度などが理解できません。だが、そのときこそ信仰がいります。すべてを受け入れ、まだ暗いがいつかはかならず実現するであろう何ものかのために、一切を忍ぶには、信仰がいります。あなたがたはプリマ・マエストラがいつも万事を明白に見たと思いますか？　神のインスピレーションによって、あるいは、他の方法によってさせられたすべてのことを理解したと思いますか？　もちろんそうではありません。預言的光さえも動機は示さず、ましてや、まえもって結果を見せてくれるようなことはしません。だいじなのは信仰です。人間的理性の前ですべては暗く、不合理、不条理に見えるときにも、それを支え前進させるのは信仰です。」

聖パウロ女子修道会はプリマ・マエストラの信仰、謙遜、苦悩の上に建てられて、崩れることのない建物のように安定している。

「たびたびプリマ・マエストラに提供された事柄は、暗く危険に見え、人に尊重されてもいなかったが、彼女の徳はすべての困難をのり越えた。」

と、アルベリオーネ神父は言う。プリマ・マエストラ自身、あるシスターに言ったことがある。

「わたしも、アルベリオーネ神父さまから何か言われるとき、全部はわかりません。ときに違った意見をもっています。でも、わたしはこう考えます。〝神父さまがそうおっしゃるなら、きっとそうなのだろう。そうでなければならない。かならずそれはよいことだ〟と。そして時がたってほんとうにそうだったことを見ました。そのとき、〝おっしゃったとおりにしてよかった、ほんとに神父さまのご意見は、いつもいっそうよいものだった〟と考えました。」

生き生きした信仰、生活に実践する信仰、理解できないことの前に頭を下げさせる信仰、これは剛毅や勇気と同様に、即座に身につくものではない。生涯かかって求めるべきもの、徳のたえざる修練の実、多くの経験の結果である。

プリマ・マエストラは、修道会創立のはじめから、この精神の修練に励んだ。創立当初の辛酸をなめてきたあるシスターは言う。

「プリマ・マエストラの信仰と無条件の従順は、わたしたちの信仰をも支え、彼女の指導に心から従わせることとなっていました。プリマ・マエストラのおっしゃるとおりすれば、けっしてまちがわないという確信を与えていました。」

また、

「アルベリオーネ神父さまが何か言われるとき、わたしたちはけっして断りませんでしたが、それはプリマ・マエストラがそうだったからです。」

「わたしたちはプリマ・マエストラを尊敬していました。その徳の手本によって起こされる信頼は、計り知れないほどでした。」

プリマ・マエストラをよく知っていたある神父は彼女の死後、説教中に繰り返してこう言った。

「七十歳！　体の弱さ！　それなのに彼女が果たした仕事を見れば、主に感謝せずにはいられない。ほんとに彼女の生涯は、偉大な、ふしぎなたまものだった。聖パウロ女子修道会のような大家族を支える労苦、修道会の困難に満ちた創立のころ、そして発展途上にも、彼女に求められた献身はどれほどだったろう。プリマ・マエストラは日ごとに信じながら、神のおぼしめしを果たしていった。わたしは彼女が非常にむずかしい時期をいくつも越えていったことをよく知っている。彼女は沈黙と祈りのうちに、創立者のかたわらにあって、ゆるがぬ信仰、感嘆すべき賢明さ、同時に完全なすなおさで、摂理の働きに応じた。すなおさ、それは、けっして何ものにも驚かない単純さ、二心のない単純さ、神の無限な単一性の反映としての単純さである。プリマ・マエストラにはわざとらしいところがなかった。死ぬまでこの単純さと信仰ですべてに打ち勝ち、聖パウロ女子修道会をこんなに発展させたのだ。」

アルベリオーネ神父は言う。

「プリマ・マエストラはどんな境遇のもとにも、長い病気のあいだにも、ただ一つの態度をとり続けた。〝主がお望みになるままに〟。主が彼女を導いておられた。一修道女としても、修道会の母としても、つねに同じ態度。たくさんの試練があったのだが……。」

どんな試練にさいしても信仰と剛毅と勇気を示した。しかもその剛毅には優しさが伴い、その優しさはけっして弱さではなかった。トレヴィゾの町の司教、ロンギー師は、たびたびプリマ・マエストラと会ったが、あとでトレヴィゾの修道院長にこう語った。

「あなたがたのプリマ・マエストラほど、聖書に描かれたような強い女性、まことの女性、強くしかも優しい人を見たことがない。」

プリマ・マエストラは精神の均衡と正直さのゆえに、生来の強さを優しさと愛で和らげることができたのだろう。その愛は、どんな原因や動機によっても損なわれない深い内的生活と、神との一致からわいてきた。

断固とした態度が必要なとき、プリマ・マエストラはやはりその態度に出ることをためらわなかった。だれか明らかに過失を犯せば、プリマ・マエストラは新しい態度をとった。「いけません」というときの、その声の調子には鉄のような響きがあった。わが子に真実の善を望むまことの母の態度だった。

やはりこのエネルギーは、神のお望みだけを求め、神のみ心にかなわぬ一切を憎む、プリマ・マエストラの豊かな内的生活から来るものだった。戒められたシスターもそれを感じとって、そのために気を悪くするようなことはなく、あるいは気を悪くしたとしても、まもなくいつのまにか自分の過失とプリマ・マエストラの正しさ善良さを認めてしまっていた。

強い態度や言葉の下に、一人ひとりに対する関心と愛情とが隠しきれなかった。だから、みな感謝をもってこの愛に報いずにはいられなかった。

シスターたちがこれを証明する。

「わたしはプリマ・マエストラからきびしく戒められ、立誓願を延ばされました。わたしは苦しみましたが、プリマ・マエストラに対する尊敬と愛はけっして減りませんでした。いいえ、むしろ加わりました。わたしは大人になるにつれて、プリマ・マエストラがまっすぐで、ほんとにわたしの好きなタイプのかたであることを知りましたから。」

「あるとき、他の修道院に出発のまえ、わたしはやっとあいさつに行くことができました。

――プリマ・マエストラ、やっとお目にかかれました。でもいま、出発しなければなりませんので、ごあいさつだけ……

　すると、

――いいえ、ここにいらっしゃい。言いたいことがあります。

とそばに呼ばれました。そのとき言われたことは、わたしにとって、ほんとに耳の痛いことでした。でも、プリマ・マエストラはつけ加えて、

――あなたを愛しているので、このことを言います。

　プリマ・マエストラの、率直で真心からのなさり方がわたしは好きでした。ときどき泣かされましたが、でも、してくださったご注意のため、心から感謝しています。」

「プリマ・マエストラは、とても正しいかたで、わたしたちの完徳を心から望んでおられたので、ときに何のまえおきもなく、突然きつい言葉をかけることもためらわれませんでした。それがご自分にとってつらかったとしても。しかし、おっしゃることはいつも真実でしたので、認めるほかなく、それはわたしたちを回心させる力をもっていました。」

　だれかが異議を唱えようとして「プリマ・マエストラ、でも……しかし……」

と言うと、プリマ・マエストラは、「何でしょう、こんな、でもとか、しかしとかいう問題をつくりださなくても、代わりにもっとお祈りすればいいのに」と言っていた。彼女の返事はずばりだった。それは、プリマ・マエストラが自分の娘たちにもってほしいと望む信仰を見いだせなかったとき、彼女の感じる苦しみのこだまだったのであろう。

プリマ・マエストラがときとして、あまりにも強かったことは否定できない。しかし、それは彼女の徳を減らすどころかいっそう引き立てていたと言わねばならない。

「わたしはあまりにもきついと言われます。ほんとにそのとおりです」と、自分で認めていた。そういう彼女の声は優しく、その謙遜が強さの角を丸めるのだった。プリマ・マエストラはこの点を矯正するようにたえず努めていた。少しきびしく扱ったシスターに、いつも自分のほうから近づいていった。

「あるときプリマ・マエストラに少しむりなことを願ったシスターに、プリマ・マエストラは強い言葉で返事をなさいました。でも、あとでそのシスターにわびて、とても優しく話しかけられました。」

と、シスター・イグナチア・バッラは言うが、実際いつも先にわびたり、ほほえんだり、へりくだった態度をとるのは総長である彼女のほうだった。

生涯のたえざる努力が実を結び、晩年には非常に優しく、愛情ぶかくなった。

日本人のあるシスターは書く。

「わたしは三回プリマ・マエストラにお会いしました。初対面のときと二度めのときは、総長に会ったという気がしました。が、三度めはわたしにとても近いお母さんに会いました。」

プリマ・マエストラの自然的な人格は強かったが、それは内的堅固さの表れだった。

「わたしはきつい」と言って、それから熱をこめてつけ加えた。「でも、わたしの娘をどんなに愛しているでしょう！　どんなにみんなの聖性を望んでいるでしょう！」

ある若いシスターは言う。

「わたしは自分の母の顔と心とに、いつも、わたしが立派でよい人になるようにとの望みを見ていましたが、プリマ・マエストラの目と勧告にも、いつもわたしが進歩するようにとの望みを読みとっていました。〝何事も、神さまをお喜ばせするためになさい。聖人になりなさい〟と。」

プリマ・マエストラはみんなにとって、自分の娘のちょっとした優しい行為や、心のこもったあいさつに感動する母のようだった。

フィリピンの修道院を視察中、あるシスターに、

「今朝、手紙を読むために早く起きました。読んでなつかしさに涙が出ました。」

「お泣きになったんですって！　プリマ・マエストラが？」

「はい、あなたは泣くことがありませんか？　わたしはシスターたちの手紙が、行からはみ出した簡単なあいさつまでも、とっても好きです。」

プリマ・マエストラの心には、彼女のすべての娘たちのために席があった。彼女のもとに行けば、だれでも、あの忘れられないほほえみと、「おお、シスター○○いかがですか？」という声に迎えられた。しかしそばのシスターをねたませるようなものは何もなかった。プリマ・マエストラの母心は一人ひとりのシスターに与えるべき分を与え、そこに偏愛のかげりはなかったから。もし、何か特別な愛があったとすれば、それは苦しむシスターのためであり、また特別な必要に悩

むシスターのためだった。そういうシスターたちはプリマ・マエストラの時間に対して特別な権利をもっているようだった。プリマ・マエストラに打ち明けに行き、そこから、ほほえみ続けるための、働き続けるための、力を得て帰ってきた。プリマ・マエストラは人の心をよく洞察できた。深いまなざしで、心のなかを読みとった。あるシスターは、プリマ・マエストラの姪にあたるシスターにあてた手紙のなかで言っている。

「わたしは一度あなたに、プリマ・マエストラに近づくのはむずかしいか、と尋ねたことがありましたね。あなたは、むずかしいどころかとても簡単、と答えてくださった。ほんとにそうでした。プリマ・マエストラがどんなことにもびっくりなさらないのを見て、わたしのほうがびっくりしてしまいました。プリマ・マエストラはすべてをご存じかのようにお話しになりました。わたしのまったく個人的なことで、あとにも先にも全然人にもらさなかったことについてもそうでした。」

プリマ・マエストラに心配や不安や悲しみを隠すことはむずかしかった。

「わたしがだれにも言わなかったこと、聴罪神父にさえ言わなかったことを、プリマ・マエストラのほうから言われることがありました。ときどきわたしは、だれにも言わなかったのに、どうしてご存じなのだろう、と考えました。」

「わたしの修道生活の最初の年は、たくさんの誘惑と困難に遭いました。わたしはプリマ・マエストラに手紙を書いて、パウロ会の生活には適さないと思うから家に帰りたいと言いました。プリマ・マエストラは、

――落ち着いて、安心していらっしゃい。あなたにとって神さまのお望みはこれです。あなたが、まことの聖パウロ女子修道会の娘となること。

と答えてくださいました。そのときから何の疑いもなくなり、全然ふらつくことはありませんでした。どんな場合でも、プリマ・マエストラは、わたしにとって完全な意味でお母さんでした。」

「誓願式の日、姉妹たちにはみな親族が列席していましたが、わたしの身内は遠くてだれも来ませんでした。プリマ・マエストラはわたしのそばに来て、

――あなたのお母さんはわたしです。

と言いながらせっぷんしてくださいました。」

「医師は、わたしの健康が共同生活に耐えられないので、修道会にとどまれない、

と宣告しました。そのときのわたしの悲しみは神さまだけがご存じです。わたしはプリマ・マエストラに打ち明けました。プリマ・マエストラは優しいお母さんのように励ましてくださり、聖母に九日間の祈りをすると約束してくださり、わたしにも一緒に祈るようにおっしゃいました。そして同時に看護係にも、費用のことは考えずにできるだけのことをするようにお命じになりました。つまり、わたしが修練を終えて元気になり、修道生活を続けることができるようにしてくださったのです。」

「わたしの病気は、わたしに修道生活の門を閉じようとしていました。でもプリマ・マエストラは、わたしに入会許可を与え、聖パウロ女子修道会のなかに迎え入れてくださいました。わたしは病気でしたが、プリマ・マエストラは、

――聖パウロ女子修道会に来てください。わたしは母が娘を迎え入れるようにあなたを受け入れます。わたしはアルベリオーネ神父さまにも相談しました。もし、一生ベッドにいなければならないとしてもいらっしゃい。

と、手紙をくださいました。病気のほか、何ももたずにわたしは来ました。でもけっしてこの状態のためにわたしに肩身が狭く感じさせるようなことはなさい

ませんでした。いつも愛情深くわたしを支え、わたしが聖性に達するようにとの熱烈な望みだけを見せてくださいました。

わたしにとってプリマ・マエストラはほんとに聖なる母です。いつか神のみ国に入るとき、そのときはじめてプリマ・マエストラをじゅうぶん評価しうると思います。」

「わたしはギブスにはまって動けないでベッドにいました。プリマ・マエストラはわたしを見舞って、ご自分がまえに足を折られたときのことを話してくださいました。

――あれは、動けないことの不便さを知って、こんな状態にいるわが子を理解できるように、主が許された事件だったのですね。

と言われました。プリマ・マエストラは、みんな例外なく、でもとくに、特別な必要をもつ娘を愛してくださる母でした。」

あるシスターにあててプリマ・マエストラは書いた。

「あなたの家から来た手紙はわたしの心をつき刺しました。あなたが後にしようとしている修道会のためではなく、あなた自身のために苦しみました。あなたのためにどんなに祈ったでしょう！　でもいまはうれしく思っています。お祈りなさい。よく考えなさい。落ち着いて行動なさい。どうしてもこの生活を続けたくなければおっしゃい。だれもあなたに無理強いしません。主があなたを祝福してくださいますように。あなたに対するわたしの愛はもっと深くなりました。」

またあるシスター、

「アルバの修道院にいらっしゃるたびに、みんなに、そしてすべてに、関心を示しておられました。困難、事業、それぞれのシスターのことについて……。みんなが自分の持ち場で喜んでいるかどうか、それぞれの仕事ができるだけ各自の才能と傾向に合ったものであるかどうかと、心を配っておられました。」

方々の修道院の視察についていったあるシスターはつぎのように言う。

「みんなは〝母〟を待っていました。プリマ・マエストラはどこでも特別な直感力によって個人的問題も使徒職上の問題もすべて解決しておられました。」

イエズス会士のマルテガーニ神父は、イタリアの修道会総長・管区長連盟の最初の係を務めていたが、「わたしたちもまるで、プリマ・マエストラの子どもであったかのように感じていました。FIRAS（福祉事業をおこなっている修道会の連盟）

が生まれるにあたって、プリマ・マエストラは自分の心と知恵を注ぎこんでくださったからです。」

また、ララオーナ枢機卿の言葉であるが、「マエストラ・テクラの善良さを何と説明したらいいだろう。まったくそれはあふれていた。彼女を知って、よい影響を受けない人、彼女についてよく話さない人、彼女のいつも変わらぬ穏やかさ、寛大さ、優しい心、ほんとうにすぐれた賢明さ、そしてそれに伴っていた強い精神力に感心しない人はなかった。わたしがいままで出会ったなかで、最も賢明な女性だったと思う。」

プリマ・マエストラの死後、会員に向かって創立者は言った。

「あなたがたはこれからのち、他のプリマ・マエストラをもつだろう。（それは当時聖パウロ女子修道会で総長に与えられる呼び名だった。）だが、修道会の母は彼女だけだ。」

8　神への愛

プリマ・マエストラは、三つの修道誓願と会憲のたえまない順守によって神への愛を目指した。三誓願を神への奉仕にみずからを義務づける三本の釘と呼び、十字架に釘づけられたキリストにあやかろうとした。会憲は、自分と修道会の各会員のために神の明らかなおぼしめしとしてこれを守った。

神の惜しみない愛は、プリマ・マエストラにとって、つねに、だがとくに困難な時期にさいして、目に見えて明らかだった。彼女はそれを知っているので、自分では何ももたずすべてを受けた者として、最後まで謙遜な態度を保った。愛には愛をもって応えるほかないとすれば、神の無限な愛に応えるには、人の心が与えうるすべての愛をもってすべきであった。

プリマ・マエストラは、与えられた恵みをけっして見失わず、無条件でたえまなく愛した。娘たちに、たびたびみずからに尋ねなさいと勧めたことを、彼女はもちろん自分自身に問うた。

「もし他の人がわたしと同じだけの恵みをいただいていたなら？」

この問いはつねに黙想の材料を与えた。それから受ける刺激によって、プリマ・マエストラは祈りと活動と寛大さに励んだ。

プリマ・マエストラの愛は口先だけのものではない。

「聖性は法悦状態にではなく、日々の義務の、愛をこめた勤勉な実行によって、神のご意志と固く一致することにあるのです。それが、人と神との完全な一致です」と、たびたび繰り返したように。

プリマ・マエストラの愛はおこないだった。彼女の聖性は福音の教えに根を張っている。日々その生活を福音の教えに、つまり聖師イエスの模範に合わせるよう努めること。欠点を矯正し、徳を身につけるための不断の努力。

シスターたちに勧めることは、みな自分で実行していることだ。

「各自、自分に欠けたところをよくごらんなさい。聖師イエスにあなたの寛大な愛を表すために、どんな欠点を直せばいいか、どんな徳を獲得すればいいか、よくごらんなさい。」

そして、プリマ・マエストラ自身は、みずからの魂を聖師イエスの似姿にまで高めるためのたえまない働きと、修道生活を選んだ者にとって第二の福音ともいえる会憲の完全な順守によって、聖師への愛を証明しようとした。

プリマ・マエストラのいくつかの言葉を見れば、彼女が会憲をどう思っていたか、どれほどこれを高く評価し、どれほど勤勉に守っていたかがわかるだろう。

「修道者にとって会憲は神のご意志です。聖性を目指したいならば会憲全体を順守しなければなりません。会憲の順守こそ、わたしたちが担うべき十字架です。」

たしかに会憲の順守は十字架である。休みを知らぬ不断の順守は。じゅうぶんな理由なしに何の例外も求めない順守は。だがプリマ・マエストラは雄々しくこの十字架を担い、そしてそれは大きな功徳となった。

「『こんどだけ』と、たびたび言ってはなりません。規則はメリヤスみたいなものではありませんよ」と、彼女は言った。

会憲が教会から最終的に認可されたとき（一九五三年三月十九日）プリマ・マエストラは喜んでそれを一同に知らせた。

「深い喜びをもってこのニュースをお知らせします。きっとみなさんも喜ぶでしょう。心から神さまへの感謝の叫びがわいてきますように。喜びましょう、教会の公の認可により、この生活がたしかに神のみ旨にそっていると信じることができますから。」

この日、神のおぼしめしをこよなく愛したプリマ・マエストラの味わった深い喜びは、言い尽くしがたいものだった。

「会憲の最終的認可は、わたしたちに対する神さまの愛のしるしであり、教会の満足のしるしです。それは、会憲が、わたしたちを速やかに天国に向かって歩ませてくれる安全で広い道だと語ってくれます。」

天国！　これはプリマ・マエストラのくちびるに最もひんぱんにのぼった言葉の一つだ。自分の感じる天国への熱望を、みんなに伝えたいと欲するような、そんな言い方で……。

「わたしたちの感謝が深い真実のものであるためには、何よりもこれに生きることです。わたしたち一人ひとりが生きた会憲であるほどに。この決心によって感謝を深めましょう。この決心こそ、わたしたちの感謝に満たされた愛をイエスに示すでしょう。会憲の順守によって、主のお召しに応えるべく努めましょう。」

飾り気のない平凡な言葉といわれるかもしれない。たぶん、どんな長上でも、配下のシスターに似たような励ましの言葉を与えるだろう。だが、プリマ・マエストラの言葉には書き表しえない何かがあった。

楽しいことを告げるときにあふれ出る心の喜び、だれかの欠点を戒めなければならなかったときや、何かの乱れを正さなければならなかったときの声にこもる悲しみの響き……。

プリマ・マエストラの話は心から出て、その心を表した。どんな場合でもそうだった。黙想指導や霊的講話のとき、わずかの注意、あるいは訓戒を与えるとき、個人的に話すときも、団体に話すときも、だれに対しても確信させる特別な力があった。彼女自身確信していることを語ったからだ。彼女自身、会憲を順守していたからだ。彼女に耳を傾ければ、人は自分も高められた感じがした。よりよい者になったような気がした。

プリマ・マエストラの徳は「ほんもの」だった。つまり、福音の精神にもとづいて日ごとに獲得され、実践される徳だった。ほんものだったから、その徳はけっして重苦しいものではなかった。その聖性は、まじめくさった顔や何か近づきがたいものではなかった。会則の順守に完ぺきでありながら、その文字に縛られるものではなかった。精神を的確につかんでいたのだ。それを示すのはプリマ・マエストラが例外をどう見ていたかということである。それについて、あるシスターがプリマ・マエストラの広い考え方を証明する。

「わたしは家庭の事情と健康のために、プリマ・マエストラに例外を願わなければなりませんでした。プリマ・マエストラは理解してくださっただけでなく、願うまえにそれ以上のことをしてくださり、けっしてそれを重荷に感じさせないように、こう言ってくださいました。

——あなたのような一人っ子に入会を許可するときは、家庭があなたがたを必要としていることは覚悟していますよ。」

例外を適宜に認めることは、あらゆる必要を理解し判断する広い知性と純粋な愛のしるしである。言い換えれば、神からわいてきて、他人の善を計り、他人の心を奪う愛徳のしるしである。

修道者にとって聖化の土台は誓願、すなわち完全な従順、清貧と離脱の精神、神との親しさを味わわせる貞潔の実践である。プリマ・マエストラの神への愛はここにもさんぜんと輝く。ある日、プリマ・マエストラはつぎのように語った。

「誓願は、神への奉仕に向けて人を釘づける三本の釘のようです。従順は、神と神を代理する人に自分の意志を服従させることです。〝これはこのように決められたから、このようにしましょう〟と、喜んで理屈なしにおこなわれる従順。清貧には、時間をよく利用することも含まれています。使徒職の場で熱心に働くこと。また、清貧は、何か不足するとき喜ぶことです。貞潔――わたしたちのうちにこの美しいユリが咲いています。触れるとすぐ汚れてしまう花……姉妹同士とても親切で温和でなければなりませんが、同時に慎みぶかくなければなりません。とくに修道生活に身をささげた者に対して、ねたみ深い愛をもっておられる神を愛しましょう。主は、人のために多くの苦しみを忍んでくださいました。わたしたちがこのお苦しみを増すようなことがあってはなりません。わたしたちの心を主への深い愛で満たしましょう。」

プリマ・マエストラは神へのこの熱烈な愛、彼との深い愛をつねに求めていた。

たえまなく神の栄光の賛美を歌いたいと望んで、この歌の調子をはずさせる罪を憎んだ。不完全なことを避け、できるかぎりよりよいこと、神のみ心にいっそうかなうことのほうを求めた。聖人たちの主に対する繊細な愛が、彼女を深く感動させた。

はじめから一緒であったあるシスターは言う。

「スーザの家で食事中、聖ヨハネ・ベルクマンスの簡単な伝記が朗読されました。主に対するこの聖人の繊細な、小さな規則の順守で大きな聖人になりたいという望みと決心について聞きながら、プリマ・マエストラは泣いておられました。肉体の弱さによる涙ではありません。共同生活を並々ならぬ熱心さで実行したあの聖人に対する感嘆と、彼に倣いたいとの願いを表す涙でした。」

プリマ・マエストラのもとで副総長を務め、その後継者となったシスター・イグナチア・バッラは、一つの思い出を語る。

「あるクリスマスの朝でした。三回のミサにあずかって事務室にお戻りになったとき、涙をためていらっしゃいました。

——どうなさいましたか、プリマ・マエストラ。

——しようのないおばかさんですね、わたしは。第三のミサの朗読聖書——あの衣の話のある書簡『これらはみな衣のように古くなる。あなたはこれを上着のようにたたまれるであろう。これらは変わるがあなたは永遠に変わることがありません』（ヘブライ人への手紙1・11～12）というところはきれいですね。そう思いませんか？」

ラジオがヨハネ二十三世教皇の苦しい、が穏やかな臨終のニュースを伝えているとき、聞きながらプリマ・マエストラは泣いていた。

「どんなに教皇は主と人びとを愛されたことでしょう！」

彼女は泣いていたが、ほほえんでもいた。その偉大な教皇に対する称賛と満足のほほえみ……。

プリマ・マエストラの幼年時代と少女時代、そして修道生活のはじめのころ、生涯の日々についてこれまで述べたことだけでも、プリマ・マエストラが貞潔の誓願を完全に守ったことはあらためて言うまでもない。

プリマ・マエストラは主を愛し、主のみ心にかなうために心を砕いた。

姿勢の正しさ、精力的で迅速なことは、プリマ・マエストラの目立った特長だった。彼女が聖堂でひじをついたり、足先を重ねたりしたのを見たことがない。ほとんど不眠不休の仕事と、しかも晩年には病苦にむしばまれていた体は、きっと楽な姿勢をとりたかっただろう。ひざまずき台にひじをついても悪くはなかった。しかしプリマ・マエストラはそれだけのことも自分に許さなかったのだ。プリマ・マエストラの態度は内面の均衡と調和を反映するものだった。

ある日のレクリエーションのあいだ、美術や芸術家について話がはずんでいると、プリマ・マエストラはいつものユーモアたっぷりの調子で、

「そうそう、わたしたちは自分の魂で芸術的傑作をつくりましょう。」

と言った。実際、彼女の魂は一個のすばらしい芸術作品だった。

生前、親しくかたわらに生きる幸いを得た人は、プリマ・マエストラがいかにますます地上のものから離脱して神へと上っていったかを見た。自分が神を所有することを知り、彼のみ心にかないたいと望む人は、もう地上のものに心を奪われたり、自分の意志に執着したりすることはむずかしい。むしろ、離脱のほうがずっと易しい。神との親しさは、どんな執着とも一緒にありえないからだ。

プリマ・マエストラは、完全な離脱を目指していた。彼女の芸術的傑作は、神

の美術館で永遠に栄光の賛美を歌うため、晩年まで筆を加えたり、美しくぼかしたりしつづけたことが明らかだ。

自分のシスターたちが一人ひとり「魂の芸術家」であるように、プリマ・マエストラは母のように訓戒していた。

「あまりにも自然的な愛情のしるしを避けましょう。せっぷんなどいりません。わたしはあなたがたにせっぷんしないから、愛していないのですか?」

そして、あの独特な声の調子でつけ加えた。

「わたしたちのせっぷんをただ十字架上のイエスと聖母のためにとっておきましょう。」

アルベリオーネ神父はある説教のなかで言った。

「あなたがたのプリマ・マエストラのように、たびたびあれだけ深い信心をこめて十字架にせっぷんする人を見たことがない。」

貞潔とは結局何だろう? 神のためにのみ、みずからの体と精神を潔白に保つこと、神との一致がより深いものであるように、神の愛だけを知ることである。神との親しさこそ、プリマ・マエストラの熱烈な望みだった。

9　人びとへの愛

深い信仰、神とのたえざる交わりによって、プリマ・マエストラの心から最高の愛がわいてきた。プリマ・マエストラは〝直感し、予見し、はからった〟。多く受けたことを知り、すべてを返す義務を感じた。プリマ・マエストラの愛の実践は、とりわけ病める人、修道者、貧しい人に向けられた。

信仰と神への愛にはつねに人に対する愛が伴う。それはいつも肩を並べて歩く。神を信じる者は神を愛し、神を愛する者は人びとをも愛する。そしてとくに、人びとの救霊に役立ちたいとの望みに駆られ、救いを待つ人類に思いをはせる。信仰は魂を神に向かわせ、神のためにあらゆる愛の実行に駆りたてる。

プリマ・マエストラの生活は信仰と愛とのたえざる実行だった。プリマ・マエストラは、神によって自己の献身と使徒職、一言でいえば愛のためにだけ生きるよう召された者の一人だった。この神のお召しをプリマ・マエストラは非常にはっきりと感じていて、寛大に完全に応えなければならない義務も知っていた。そして、彼女がよく繰り返した、いやむしろ生き抜いていたモットーがその答えだった。

「つねに、万事をただ神のみ栄えと人びとの善のために！」

そのために非常に広大な愛をもった。愛によって神の証人となること、他人をもその証人とすること。

アルバ市の司教カルロ・ストッパ師は言った。

「マエストラ・テクラは、神と教会と修道会、配下のシスター一人ひとりを熱烈に愛した。」

女性としての、修道者としての、使徒としての、あの敏感で強く、同時に寛大で意志的な人格をもって、愛の広大さと微細な点とを知った。貧しい人びとへの援助から、修道会内に実行されるあらゆる愛まで……。

プリマ・マエストラは、修道院のうちに家庭的な雰囲気があるように強く望んだ。

「互いに同情し、互いに愛すること、助け合うこと、たしかにそれはつらいことで、犠牲が必要です。でも、主はご自分を侮辱し、十字架につけた人びとに何をなさいましたか？『父よ、彼らを赦してください。』（ルカ23・34）これです。わたしたちもそうしなければなりません。すべてをマントで包むこと。母性的な心をもちなさい。母というものは、みんなの必要とするところを直感し、欠点に同情し、むしろ多くの欠点をもつ子のほうをもっと愛します。性格上、健康上、特別の困難をもつ子どもにもっと目をかけてやります。おのおの、修道院において母のようであってください。みんなに対する優しい心遣いをもってください。例外なくみんなを愛すれば、一緒に聖性に向けて走るでしょう。明るい共同生活、家庭的な共同生活をするためには、互いに愛を尽くすことです。

人にはいつも尊敬と愛をこめて対応しましょう。

助け合うこと、愛し合うこと、喜ぶ姉妹とともに喜び、苦しみにあっては同情し合い、犠牲を払わなければならないとしても、姉妹を喜ばせること。不和のもとになる無益な言葉を避けること。一致を愛のセメントで固めること。

もしわたしたち一人ひとりが、天に向けて善徳、とくに愛のかぐわしい香りを上らせるなら、修道会全体、すばらしい進歩を遂げるでしょう。」

つぎつぎに責めたてるようなこの訓戒は、シスターたちがみんなを愛し、互いに愛し合うことを、プリマ・マエストラがどれほど望んでいたかを示すだろう。

偉大な使徒的理想をもった聖パウロ女子修道会のシスターが現代的使徒職によって抱き、眺めなければならない広大な地平線は、プリマ・マエストラに個々の人間を忘れさせるようなことはなかった。小さく、あわれな一人でさえも、そまつには思わなかった。いろいろな必要に迫られたどんな人でも、彼女の特別な愛を呼んだ。門のベルを鳴らす貧しい老人、初聖体を受けるために、白い式服をつくれない貧しい子どもたち……そんな子どもの親にプリマ・マエストラは言った。

「まあ、足りないのが洋服だけなら、心配しないで。わたしたちが考えてあげましょう。」そして式のあとで返しに来ると「どうぞとっておいて。来年はまた主が貧しい子どものことを計らってくださるでしょう」と、毎年同じことを繰り返していた。たくさんの子どもたちにセーターとか、靴とか、オーバーなどをつくってやらなければならなかった。貧しい親たちは、よくプリマ・マエストラに任せていたから。

プリマ・マエストラの没後、ある独身の三人姉妹はこう書いてきた。

「いま、わたしたちはほんとに取り残されてひとりぼっちの孤児のように感じます。わたしたちにあれほど温かい愛と慰めと援助を与えてくださったかたは、もういらっしゃいません。」

斜陽貴族であったこの老嬢たちを、プリマ・マエストラは、

「わたしたちが助けてあげなければ、どうして生きていけましょう」と、援助していたのである。

心の広い人びとからの寄付や、自分で準備したものを貧しい人に贈れるとき、プリマ・マエストラは幸福そうで、よく小さな声で歌っていた。

要するにプリマ・マエストラは、機会あるごとに善をおこない、人の苦しみを和らげ力づけるように努めていた。彼女と知り合い、親しくできた者は、だれでも神への愛と人びとの困窮を深く感じているプリマ・マエストラの心から、何かの影響を受けずにはいられなかった。

プリマ・マエストラの心をつねにとらえていたのは、つぎの三つのことだった。

(1)　自己の聖化への熱望。聖性のできるだけ高い段階に至ること。そのために彼女は注意深く勤勉で、むらのない不断の英雄的努力を義務とした。

(2)　自分の娘たちがみな完徳に励むようにとの熱望と配慮。この最高の理想を強調し、言葉や、手本や、簡単だが温かい心のこもった感動的な手紙などで、しばしば想起させるように努めた。

「わたしたちの心が神さまへの愛で満たされるなら、たしかにそれを人の上にも注ぐでしょう。この愛は広がるべきものです。

わたしたちの修道院は聖人をつくる工場でなければなりません。いったん歩みはじめた道を最後まで勇気をもって進みましょう。地上でわたしたちがなすべきことはこれだけです。自分を聖化し、他人をも聖化すること。つまり、自分の魂の善に気を配りつつ、使徒職をも果たすことです。」

(3)　身体的にも精神的にも、苦しむすべての人を、できるだけ助けたいという、非常に深く大きな望み。プリマ・マエストラは人びとの身体的苦しみも、精神的苦しみも、霊的苦しみも、自分のことのように感じる心をもっていた。いや事実、自分のものとしてそれにあずかった。

「キリストの心を心とする」（フィリピ2・5）その聖人の寛大さと優しさで、あらゆる方面に援助の手をさし伸べた。貧しい家庭、栄養失調の子ども、貧しさや困難に遭っている神父、宣教地の貧しい司教、祭服にも事欠く教会……などを助けた。

そして、そういう愛のわざをさらに広くおこなうことができるように、自分の娘たちに清貧の細かい順守を勧めていた。

「もしわたしたちが清貧をよく守るなら、主は、わたしたちのためばかりか、他人のためにもじゅうぶんなだけ与えてくださるでしょう。わたしたちは他人のことも考えてあげなければなりません。」

まことの愛は、余分なものを恵むだけではない。それはあまりにも簡単だ。かえってまことの愛は、自分に必要なものまでも与えさせる。もっているわずかなものを、さらに欠乏している者のために割くこと。プリマ・マエストラが第二次大戦中の何か月かのあいだ、自分の修道院に多くのベネディクト会のシスターを引き取ったのも、このまことの愛についての深い確信からだった。戦争が激しくなってから、カッシーノの女子ベネディクト会修道院も爆撃で粉砕された。聖パウロ大聖堂の修道院から男子ベネディクト会の一神父はプリマ・マエストラのところに来て、家を失ったシスターたちのために宿を願った。

プリマ・マエストラは言下に「どうぞ、なんとかなるでしょう」と答えた。

「何人泊めていただけますか？」と神父は聞いた。

そしてプリマ・マエストラの、繊細な感受性と他人を理解する深い心から出たつぎの答えを聞いて涙を流した。

「修道院とすべてを失うことで、もうじゅうぶんにお苦しみになったことでしょう。とくに、観想会のシスターですから方々に分散するのは、お互いに大きな苦しみになるでしょう。もしよければ、みんな一緒にここに来てください。ここで、あのかたたちの規則に従った生活が続けられるでしょう。わたしたちの聖堂で聖務日課も唱えられますし、寝室も準備しましょう。食堂はわたしたちと一緒にお使いになってはどうでしょうか。」

聖パウロ女子修道会の会員はみなプリマ・マエストラの寛大さに倣い、食物も建物も、防空壕も、すべて分かち合い、互いにあの激烈な戦いがもたらした困苦を耐えていった。

プリマ・マエストラの死を知ったとき、カッシーノの大修道院長はお悔やみの手紙を寄せたが、短いなかに深い真実をこめて感謝を表した。

「神と隣人に対する愛に満たされた心の人、この聖なる女性の死を、わたしたちは泣きました。わたしは特別に彼女を愛し、尊敬申しあげていました。」

ベネディクト会のシスターも聖パウロ女子修道会のシスターもみなプリマ・マエストラの聖性を信じ、尊敬していた。そして戦争のたけなわなとき、彼女のそばにいることで安心していた。空襲警報が鳴って、深い防空壕のなかで敵機の爆音を聞きながらでも、プリマ・マエストラの言葉に信頼すれば心安らかだった。

「よい人でありなさい。そして賢明であるように。戦争が終わったら、使徒の女王マリアにささげて聖堂の建築にかかりましょう。だいじょうぶ、もしここに爆弾を落とそうとする飛行機があれば、聖母が向こうの畑にそらせてくださるでしょう。」

そしていつも結論はこうだった。

「信仰をもちましょう。」

子どもだましの話に聞こえるかもしれない。しかしこれはプリマ・マエストラの信仰や、神との友情、聖母との親しさを物語ってくれるではないか。事実、神や聖母と一つの家庭に暮らすような感じだった。世界の至るところに散っている修道会の会員たちも天国の友によって守られると、たしかな予感をもっていたようだ。ロザリオを繰りながら、ゆっくりと防空壕を端から端へ、シスターたちのあいだをぬって歩き、祈りの先唱をする。シスターたちがそれに声を合わせた。プリマ・マエストラは体をまっすぐにし、落ち着いて、祈りに心をひそめつつみんなのなかを通っていった。聖母マリアと語り合いながら聞き入れられると確信して、みんなを聖母にゆだねていた。プリマ・マエストラが、自分の信仰と、感嘆すべき穏やかさでみんなを勇気づけることには、だれも感心していた。爆撃が怖くなると、ベネディクト会のシスターも聖パウロ女子修道会のシスターも互いに「わたしはプリマ・マエストラのおそばに行きます。プリマ・マエストラのおそばでは、落ち着いて安心できますから」と言いながら寄り合っていた。

聖パウロ会のジッリ神父は言う。

「わたしがプリマ・マエストラを知ったのは、イタリアが非常にむずかしい戦局に立っていたときです。ドイツの占領下にあったのです。わたしはまだ神学生で、もう一人同じような神学生と一緒に夜警を受け持っていました。そのころはたびたび夜中に起きて逃げなければならず、こんなさいにプリマ・マエストラをもっと近くから知るようになったのですが、プリマ・マエストラが興奮されるのをけっして見たことがありませんでした。いつも落ち着いて穏やかでした。彼女は何かしら自分のものでない、よりすぐれた計画のうちに生きているような、精神と態度をもっておられたのです。わたしはプリマ・マエストラにどの程度の学問があったのかよく知りませんが、いつも非常に純朴で賢い女性だと思っていました。」

戦争は終わった。聖パウロ女子修道会の会員は一人残らず助かった。幾人かはまったくはっきりと「ふしぎにも」救われたのだった。そのための感謝として、使徒の女王マリアにささげた大きな聖堂が建立された。一日も早く完成するようにプリマ・マエストラはみんなを励まし、勧めを与え、いつものように徳の実行と離脱の精神の輝かしい模範を与えた。

「何もむだにしないように気をつけましょう。聖堂の建築にもっとたくさん協力するために、それは必要です。あれは神さまの聖堂です。この聖堂にそろえるために何でもいちばん美しいものがほしい。いちばん美しい祭服、いちばん美しい祭壇かけをつくりましょうね。レースもよくできたのを使いましょう。他のことで節約して、でも祭壇の周りは全部、すばらしいものにしましょう。」

神への愛に満たされた心から出る言葉だった。人への愛はもし神への愛に深く根づいていなければ、不変のものでも、真実なものでもありえない。隣人愛とは、神との親しさからわいてくるときだけほんものだ。もしキリストの精神でおこなわれなければ、他人を助けることもうつろな響きしかもっていない。

プリマ・マエストラが戦争のあいだに幾人もの兵隊を飢えや寒さから救い、敵の目から守ってやったのも、このほんものの愛と母性によってであった。当時、もちろん食物は乏しかった。が、そのわずかなものをカッシーノのベネディクト会修道女と、敵の目を避けてひそんでいる兵隊たちに分けていた。乏しさに苦しむ人の姿のなかに主のみ姿を認めさえすれば、どんな犠牲も高すぎるとは思えないものだ。

「ある袋」と呼んでいた袋のなかに、プリマ・マエストラは、パンやそのほか自分の手で準備したいろいろな食べ物を十日分つめさせた。隠れ場から出て、こっそり受け取りに来る兵隊は、八日後にまた来ることを知っていても、十日分入れた。

「もし何かあって八日後に来れなかったらどうしますか？　食べ物なしに……さあ、あげなさい。後は主が計らってくださるでしょう。」

その兵隊が、自分と仲間の命をかけて「ある袋」をもって戻るたびに、プリマ・マエストラはできるだけ新しいもの、彼らの喜びそうなものを準備していた。飲み物、お菓子、毛布、マフラー、靴下、シャツ、ざぶとん、それにいざというとき彼らが身分を隠せるような洋服など……よくもあれだけのことができたと思わざるをえない。

あるシスターが、「あの人たち、ほんとうに兵隊でしょうか？」と、プリマ・マエストラに言ったことがある。

プリマ・マエストラは、「かまいません、わたしたちは主への愛のためにするのですから。主がよいようになさるでしょう」と答えた。

この返事からでもプリマ・マエストラの普遍的な愛と、心の繊細な感受性、理解、優しさなどがわかるだろう。この優しさは、ときにいくらかの弱さと見えたかもしれない。しかし、それは賢明さと忍耐から生まれたもので、信仰と真の愛であった。

主はプリマ・マエストラに社会的愛のわざを広くおこなうよう、多くの機会をお与えになったので、彼女は、他人の苦しみに特別に敏感な、優しい心の要求を満たすことができた。

アルベリオーネ神父がシスターたちのための診療所を建てるよう勧めたときも、プリマ・マエストラは喜んで承諾し、できるだけ早く実現するように努めた。アルベリオーネ神父の勧めであればどんな企画でも、珍しいほどの知恵と迅速さで、愛をこめて実現に努めたが、とくに、この企画はプリマ・マエストラの心の望みにかなっていた。ローマ郊外のアルバーノに建てるこの診療所は、苦しむシスターたちに手厚い看護と穏やかな喜びを与えるだろう。愛の実行は喜びのもとである。そして喜んでいることは、神と隣人への愛の最も純粋な証拠なのだ。

この事業に着手して以来、プリマ・マエストラは、たえずそれを支え、一つひとつの仕事に目を配った。愛に燃える母の心で、この実現を待ち望んでいた。病むシスターが――聖パウロ女子修道会だけでなく、どの修道会に属する者でも――できるだけ自分の身分に適した療養生活を送れるように、当然このような診療所がなければならない。プリマ・マエストラはこれも一つの義務のようにみなした。多く受けた者は多く与えなければならない。これが彼女の確信だった。他人の役に立つ機会を一つも逃さないこと、それは彼女にまったくあたりまえのこととしか思えなかった。

「使徒の女王診療所」は一九四九年に落成した。広くて気持ちよく、現代的設備のととのった診療所である。

一九六三年八月二十二日に、この使徒の女王診療所はパウロ六世教皇の訪問を受けた。このときプリマ・マエストラは、みずからも病の身でここにいた。

教皇は診療所の小さい聖堂で、ミサをささげ、みんなに手ずから聖体を拝領させ、重体のシスターを一人ひとり見舞って祝福と慰めの言葉をかけた。説教のなかでは、とくに苦しみの価値を強調し、自分の苦しみを意義あるものにせよ、という聖アウグスティヌスの勧めを想起させた。

「みなさん、どのように自分をささげることが、神のみ心にかなうのか反省なさい。つまり、あなたがたの苦しみを有益なものとするように努めなさい。

心に抵抗を感じながら苦しむこともありえますし、我慢によって苦しむこともありえます。しかし、もう一つの苦しみ方があります。これこそあなたがたの苦しみ方でなければなりません。愛をもって、愛のために苦しむことです。いのちのあるかぎり心は愛することができます。そして愛するという最も高貴なおこないは、とりもなおさず、わたしたちの霊的生活の要約なのです。

『主よ、わたしは身動きもできず、ここに横たえられ、泣いて苦しんでいます！』

選ばれた人びとであるあなたがたにどんなに多くの意向を勧めることができるでしょう！　意向は互いに妨げ合うものではなく、意向の段階はいくらでもありますから。」

最後に教皇は、病気のシスターたちに、もし元気だったらあなたがたは何のために働くのだろう？　どうかいまの苦しみを、より気高い意向のためにささげ、とくに教会のため、宣教のため、公会議のため、教皇のためにささげてくれるようにと願った。

その間プリマ・マエストラは、教皇の前に座ってうっとりとしているようすだった。教皇が勧めた意向、教会、宣教、公会議、教皇自身など、すべてはずっとまえから何よりも心にかけたものではなかったか。プリマ・マエストラは、その意向を新たにし、かつ強めた。

こうして教皇の訪問は終わったが、この訪問ののちプリマ・マエストラは、さらに五か月、地上に残るのである。その五か月は、プリマ・マエストラがさらに苦しみを昇華し、完全な浄化と、完全な聖師イエスとの一致にますます近づいていく時間であった。

一九六四年九月二十三日、種々の病棟の中央に建てられた新聖堂の献堂式はおこなわれるのだが、プリマ・マエストラは生前工事を眺めながら、優しいあきらめた表情で、「わたしはこの聖堂の完成を見ないでしょう」と言って、ほほえみながらつけ加えていた。「神さまのみ旨がおこなわれますように！」

10　プリマ・マエストラの祈り

激しい活動のさなかにあって、プリマ・マエストラはけっして神を見失わなかった。プリマ・マエストラの一日は、聖師イエスとのたえざる会話だった。プリマ・マエストラは、つねに輝かしい超自然的雰囲気のうちに生きていた。「わたしたちは、深く生き生きとした堅固な信心、言い換えれば観想に導く信心をもたなければなりません。」

プリマ・マエストラは、謙遜において偉大だった。疑問や理屈を並べることのない従順によって、まことに偉大だった。信仰と神のご意志への完全な一致によって偉大だった。だが、とくにすばらしかったのは祈りである。なぜなら、信仰も謙遜も従順も愛も、祈りから、つまり神との交わりから生じてくるものではないか。プリマ・マエストラは、つねに神を求め、神のために生き、神に多くの人を引き寄せ、彼に光栄を帰するために働いた。

「わたしたちの生活は、神にもといをおいているときだけ価値があります。神のために費やされるときだけ価値があります」と、いつもの確信をこめて、ある日、講話のなかで語った。そしてプリマ・マエストラの生活は、つねにそれだった。神にもといをおいた生活、日々、各瞬間に彼女の思いは天に向かっていた。

ララオーナ枢機卿は言う。

「プリマ・マエストラの観想は生活になっていた。」

言い換えれば、たえざる神との交わりである。プリマ・マエストラの生活はじつに不断の祈りだった。

祈りは、ただロザリオや射祷を唱えることではない。ミサにあずかり秘跡をひんぱんに受けることも祈りだが、祈りはこれだけではない。祈りは呼吸と同じように、自然におこなわれる行為のはずだ。祈りはまず神の現存を信じることである。そして、神のためにのみささげられる生涯である。感謝の思いを一瞬神にあげることも祈りである。すべてを喜びと愛をもって受け入れることも……。すべては神から来、神の計らいなのだから。

「神に感謝しましょう。神がお望みにならないこと、あるいはお許しにならないことは、けっして起こりません。神は善をお望みになります。善でないことをお許しになることもありますが、やはりそれはかならずわたしたちのより大きな善のためです。」

と、プリマ・マエストラは言っていた。プリマ・マエストラにとって、祈りとはこれだった。観想は生活となっていた。神との不断の一致で現世のものから離脱していたが、だからといって地上のことに無関心ではなかった。真に神とともに生きる者は、周りのものに無関心ではいられない。一切は神のものではないだろうか。だからプリマ・マエストラはこの被造界を愛していた。彼女はあらゆる機会に、健康なときも、病気のときも、順境にも逆境にも、ほとんど彼女の日々の糧となっていた大小さまざまな心配事においても、そこに神の摂理の働きを認め、それをとおして自己の魂を神の方へと高揚することができたのだった。

新しいが、たえず発展していく修道会のなかで、プリマ・マエストラが占めていた地位自体、日々の苦しみのにがいパンを豊かに与えてくれた。が、彼女は穏やかに、さし出されるそのパンを食べた。

「苦しむ機会はたえずあります。もしわたしたちが聖人になりたいなら、自分の身においてキリストのご受難を完成したいなら（〝わたしはキリストの御苦しみの欠けたところをキリストの体である教会のために、わたしの肉体において補う〟コロサイ1・24）苦しむこともプログラムに入れておかなければなりません。だれも気づかないような小さな苦しみもすべて神さまのみもとに書きとめられています。苦しみをいただくのは、神さまが特別に愛してくださっている証拠です。」

苦しみも、被造界の美しさでわたしたちを楽しませてくださるその同じ神から来るものではなかろうか。だからプリマ・マエストラは同じ喜びをもって受け取るのである。祈りのまことの意味を悟り、プリマ・マエストラの考えはあらゆる機会に神にのぼった。あるシスターは言う。

「一九六三年の九月に、しばらくアルバーノの病院でおそばにいました。プリマ・マエストラはとても口数少なく、むしろ聞き手でした。特別に沈黙を好んでおられたようすです。ときどき夕食ののち、ヴェランダでしばらく一緒に座っていました。プリマ・マエストラは長く星を眺め、

――あの美しい星空の向こうに御父の家があります。わたしたちを待っていてくださる御父の家……御父に会うのは、まあ、なんとすばらしいことでしょう！

たびたびわたしはもうお祈りができません。ただ御父を眺め、御父がわたしを見つめてくださることを感じるだけです。黙想するためにも、わたしはもう読むことができません。考えることもほんの少しだけです。何もしません。でも、御父がわたしを見ておいでになり、わたしを愛してくださっていることを知っていまず。

と言われました。」

イタリア国内や外国の方々の支部修道院視察に、たびたびついていったあるシスターは言う。

「車はアルプスの美しい山々のあいだを走っていました。突然、プリマ・マエストラは、

――止まりましょう。

と言って車から降り、広々としたあたりの景色を見渡して、しばらくその美しさを深く味わわれるようすでした。そして、ほほえんで、聖堂にいるかのように手を合わせ、

――果てしない大空は、神よ、あなたの栄光を語る。（詩編19・2）主よ、あな

たはすばらしい！

と歌って、また車にお乗りになりました。わたしたちはまた旅を続けました。」

プリマ・マエストラは、神の現存を深く感じていた。まことの祈りの精神が、彼女の活動の日々を――自動車での長い旅行でさえ――深い観想に変化させていた。

ララオーナ枢機卿は言う。

「二つの生活ではなく、統合された、すべては神を見、神を欲し、神に仕え、神を伝えるところのもの、これこそプリマ・マエストラが送ってこられた生活だった。あなたがたのプリマ・マエストラはほんとうに観想の人だった。」

プリマ・マエストラと神との関係はあまりにも深く生き生きとしていたので、周りの者がうらやましく思うほどだった。

やはり、たびたび旅行についていったシスターは言う。

「よく夕食の一時間か二時間半くらいまえに、どこかの修道院につきました。プリマ・マエストラはシスターたちと心からのあいさつや言葉を交わしたのち、わたしに、

――いま、少し時間がありますからお祈りに行きます。
と言ってお祈りの本をとり、プリマ・マエストラの特長だったあのすばやい歩き方で、聖堂に行かれました。わたしもついていくのですが、ときにシスターがプリマ・マエストラの食事をどうしましょうと相談したりするので、遅れることもよくありました。数分あとで行ってみると、プリマ・マエストラはそこにまっすぐひざまずいて祈っておられました。祈りにふけっておられるので、そばに行って洋服でもひっぱらないかぎり、呼んでも聞こえませんでした。こんなことが少なくとも二十回はありました。触ると、顔をこちらに向けて話を聞き、返事をして、またほとんど瞬間的に潜心に戻られるのでした。」

プリマ・マエストラはイエスを所有し、愛し、どんなことでも語り合っていたので、何かでこの会話が中断されても、またすぐにそこに帰ることができた。

聖パウロ会のロレンソ・ベルトロ神父はつぎのように述べる。

「わたしが神学生でアルバにいたとき、聖堂の係だった。毎晩、戸締まりをするまえに、聖堂内を全部見回っていた。ある晩、九時半ごろだったろう。聖体ランプのうす暗い光のなかに、だれか中央の通路にひざまずいて聖櫃を見つめたまま嘆願するように手を広げて祈っている人を見た。若い女性（当時まだ聖パウロ女子修道会には修道服がなかった）。よく見ると、プリマ・マエストラだった。

プリマ・マエストラは身動き一つせず、たぶんわたしの存在に気づかれなかった。だからわたしはじゃましないように外に出た。自分の部屋にもどってしばらく祈り、あとで本を読みはじめたが、聖堂のプリマ・マエストラのことが気になって全然専念できない。眠ることもできず二時間ほどたち、好奇心か何かにひかれて、見に行こうと思った。気づかれないように静かに歩いてそっと聖堂のドアを開けた。プリマ・マエストラはまだ同じところに、同じ姿勢でおられた。わたしはこの人は聖人だ、という気がした。そしてそのまま黙って自分の部屋にもどった。

二、三日あと、修道院の建物の小道でプリマ・マエストラに会ったので、あいさつすると、プリマ・マエストラは何だったかもう忘れたが、何か用事についてお話しになった。ついでにわたしが、

――聖堂でお過ごしになった時間は楽しいでしたか。

と聞くと、プリマ・マエストラはいつものようにほほえんで、しかしすぐまじ

めになって、手でそれについて話してはいけない、という合図をなさった。

もちろん些細なできごとだ。しかし、わたしにとっては深い意味がある。プリマ・マエストラはほんとに〝神の人〟で、たえまなく祈る人だった。一日じゅう、聖師イエスと彼女との一致は、たしか一瞬も中断されなかったと思う。」

プリマ・マエストラはシスターたちにさとした。

「わたしたち修道者は、イエスを所有するほかに何を望むことができましょう。イエスとともにあるとき、わたしたちはより強い者、より寛大な者、よりよい者になったように感じます。すべてを主のため、天国のためにおこないましょう。過ぎ去るものには、すべてあまり価値がありません。聖化にいそしむことは、もちろん犠牲を払わずにはできません。でもそうかといってやめようとは思わないでしょう？　根気よく、信仰をもってできるだけ完全に働きましょう。主はすべてをごらんになります。主はすぐれた映画監督のようです。審判の日、撮影したフィルムをお見せになるでしょう。その映画のなかに、わたしたちは輝かしいスターとして登場したいものです。」

こんな言葉にも、純朴で、快活で、ユーモアの持ち主、しかも同時に、強くて母のように優しい、総長の姿が浮かんでくるだろう。この母の声は、娘の心に天国とまことの善への熱望を燃えたたせ、彼女らを聖化へと駆りたてる。この母の願いは、一人ひとりの娘の胸に、最大の野心、すなわちイエスを所有し、天国においてて星のように輝きたいという野心を注ぐことである。

「祈りの生活は、聖師イエスにわたしたちのすべての考え、愛情、意志、望みを合わせることにわたしたちを導くものでなければなりません。最高の観想に至る深い堅固な信心をもちなさい。聖パウロ女子修道会の会員はみんな観想に召されています。イエスのうちにとどまるとき、すべてを正しい観点から見ます。そして彼のために働きます。」

プリマ・マエストラは、まことに「イエスのうちに」いた。だからこそ、祈っている彼女を見る人は自分も、よりよく祈りたいという望みを感じたのだった。

つぎにいくつかの証言をあげよう。

福者フラッシネッティの聖女ドロテア会のマザー・ロゼッタ・ラ・ザラは言う。

「プリマ・マエストラは、わたしにこう言われました。

――天国では、神さまを見、神さまを完全に所有するでしょう。でも、ここにも天国があります。わたしたちはそれを見いだし、そこに生きなければなりません。それは、聖体のイエスです。彼は毎日わたしたちの心に来られます。何の不足がありえましょうか。

わたしたちへの愛のために、わたしたちの糧となってくださったキリスト、そのキリストとの合体という事実は、どれほどの信仰をもって生きなければならないことでしょう。そこから出る輝きが、わたしたちのおこない、言葉に反映しなければなりません。カリス（ミサに用いる聖杯）は、聖別されてから、もう他の使用にあててはなりません。イエスに触れるわたしたちの舌、わたしたちの心は同じことではありませんか？　信仰で生き、この信仰がわたしたちと、すべて神さまに身をささげた人びとの心を満たすように、どれほど祈り求めなければならないことでしょう。そうすることによってのみ、わたしたちの使徒職は実を結ぶでしょう。」

いろいろなシスターの証言。

「わたしはプリマ・マエストラを見て、ほんとに聖人だと思っていました。聖師イエスを礼拝するため、聖堂に入っていくとき、プリマ・マエストラは愛にうっとりとなっているように潜心しておられました。祈っておられるときのプリマ・マエストラは特別に偉大なかたでした。

「祈っておられる後ろ姿だけを見ても、わたしは自分ももっとよく祈りたいという気持ちになっていました。」

「プリマ・マエストラを見て、わたしは祈りの精神を理解しました。目を閉じて、あるいは聖櫃を眺めておられる姿から内的潜心が見えていました。ほんとうに神と語り合っておられる、神に自分の意志を合わせておられる、という気がしました。」

「プリマ・マエストラは一言でいえば、〝祈る人〟でした。祈っている彼女の姿がいちばん深く印象に残っています。」

「聖堂に入って、大きく十字を切り、迅速な歩き方で席につく。そしてすぐ深い祈りに沈む。そういうプリマ・マエストラを見るたびに、わたしは夢中になっていました。プリマ・マエストラのそばにいると自分まで別人になったように感じたものです。」

「プリマ・マエストラが祈っておられると、とくに、アルバーノにおられた最後のあいだ、よく立ちどまって眺めました。重い病気でしたのに、ほとんどいつもひざまずいておられ、あの澄みきった目は聖櫃に吸い寄せられていました。」

「プリマ・マエストラの祈り方は、いつもわたしたちによい励ましとなっていました。聖堂だけでなく、食堂での食前食後の祈りとか、みんなで一緒に唱えるいろいろな祈りのとき、短い祈りにも長い祈りにもそうでした。プリマ・マエストラは手を合わせ、姿勢をきちんと正し、半ば目を閉じてうつむくか、または聖画などを見つめておられました。その姿はわたしたちにも、よく祈りたいと感じる刺激になっていました。」

「祈っておられるプリマ・マエストラの姿を見るのは、ほんとによい励ましでした。地上のものとは、もう無縁の人のようでした。心をひそめたその態度から、プリマ・マエストラの深い信心と偉大な信仰の精神がもれていました。たいていプリマ・マエストラはひざまずいて、上体をまっすぐにし、目は聖櫃にくぎ付けにされていました。」

「ときどきミサや聖体礼拝の時間にプリマ・マエストラのそばに行く幸いを得ました。プリマ・マエストラは、けっしてひじをついたり、手で顔をおおったりなさらず、何の特別な態度もなさいませんでした。とても自然で、泰然自若、祈祷書や霊的書物から目をあげると視線をまっすぐ聖櫃に向かわせるか、または深い潜心のうちにつむっておられました。」

「ある日、遅れて聖堂に行きました。いちばん後ろの席のはしっこにひざまずいていた人に、もう少し向こうに行ってくださいと言いましたが、動きません。ちょっと待って、手をかけてもういちど、少しつめてください、と言ってもまだシスターは全然動きません。のぞきこむようにしてまた、つめてくださいませんか、と言ったとき、相手がプリマ・マエストラだったと気づきました。わたしは三度も総長に tu（よほど親しい相手に使う二人称）を使ったので、きまりわるく思いましたが、プリマ・マエストラのほうでは、神さまとの会話に没頭して、何もお気づきにならなかったのです。」

「病気のあいだ、何度か泣いておられるのを見ました。宣教地に出発するシスターがあいさつに来たときもそうですが、以前のように長く祈り続けることができなくなったことを悲しんでも泣かれました。それを感じては、深い悲しみに涙が流れたのでした。

プリマ・マエストラは十字架の道行の各留の絵をもっておられ、毎日何回もそれを眺めて祈っておられました。深い愛をこめてそれにせっぷんを繰り返しておられました。」

最後の病気中、聴罪司祭であったカルロ・トマーゾ・ドラゴーネ師はつぎのように証言する。

「病気のあいだも信心業にはこのうえなく忠実だった。しかしわたしに打ち明けて、

——考えることができません。だんだん記憶がなくなります。信心業をどうしたらいいでしょう?

——できることだけなさい。たくさん考える必要はありません。主とともにいることだけでじゅうぶんです。これはなさっているのでしょう?

——はい、それはそうです。いつもイエスとともにいるように努めています。聖堂に行って席につくと、聖櫃を眺めながらこう考えます。そこにイエスがいらっしゃる、イエスと一緒に、御父も聖霊も……。三位がそこにいらっしゃいますで

しょう？

――もちろん。

――イエスとともに教会も。教会はイエスの神秘体ですから……。

――そうです。神秘体が、頭であるイエスから離れることはありません。

――イエスとともに天国のすべての聖人も。福者、使徒たち、証聖者、童貞者……。

――そうです。それでじゅうぶんです。

――わたしはそこにイエスのみ前にいて、単純にこう考えます。あまりたくさんの考えはありません。

――安心なさい。それでじゅうぶんです。

プリマ・マエストラは、ほんとうに単純にこのようなことを話された。ほんとに純朴そのもののマエストラだった。しかし、その単純さはけっして未熟な人のそれではない。最も完成した人の単純さ、つまり、神に非常に近づいたために神の完全な単一性を反射するものだった。善徳というものはまだ不完全な人に非常に複雑だが、すべて円満な人になるにつれて単純化し、唯一の統合された徳と化す。プリマ・マエストラはすべての徳を一つにまとめることのできた人だった。」

　プリマ・マエストラは、神に深く根をはり、地上の小さなつまらない事柄を超越していたので、彼女の周りには超自然的、神的な雰囲気がただよっていた。彼女の精神の偉大さを身近に体験できなかった人びとも、何かすぐれた非凡なものを感じとっていた。

　プリマ・マエストラのそばにいるか、あるいは彼女のことを考えるだけでも、みんな自分がもっとよい人間になるような感じがしていた。

　ある労働者は言う。

「わたしは生まれて九か月めに母を亡くしました。そしてこのシスターと知り合ったときは、わたしにとってふたたび母を知り見いだしたようなものでした。わたしは生涯ほとんど工事現場で過ごしましたが、このような所にはいろんな人がいます。よい人も、悪い人も、礼儀正しい人もそうでない人も、賢い人も無知な人も。そしてわたし自身もよい人間ではないと言わなければなりませんが、マエストラ・テクラはわたしが知らなかった道へわたしを導いてくださいました。わたしにとってマエストラ・テクラは聖人です。マエストラ・テクラだけが、わたしに宗教やキリスト教が何であるかを見せて、わたしがいままでしなかったことをするようにさせてくださいました。

わたしはマエストラ・テクラに祈ります。たしかに天国にいらっしゃると思うからです。」

聖パウロ女子修道会の会員は、とくに自分たちの総長の祈りの姿を見るにつけ、祈りについて聞くにつけ、自分ももっとよい人間になりたい、義務を果たすにはさらに寛大に、従順を実行するにはさらに迅速に、熱心な生活はさらに熱心にしていきたい、と感じていた。まことの善徳、神との触れ合いから生まれてくる内的豊かさは、たとえ意識されず、緩慢にではあっても、その影響を広げないではおかない。

11 宣教に燃える心

プリマ・マエストラは、切実に人びとの救いの必要を感じた。これこそ彼女を使徒職に駆りたてる刺激であった。「使徒職の手段は、最も現代的なものでなければなりません。」

ある女性雑誌に、「全世界の空港は、この疲れを知らぬ旅行者の姿を見た。あらゆる所に散っていった自分の娘を訪れようと、世界を駆けめぐる女性……」という記事が載った。プリマ・マエストラのことである。この面でプリマ・マエストラは聖女カブリーニに似たところがある。聖女は十七回も大西洋を横断し、神の旅行者と言われる資格があった。そしてプリマ・マエストラも、自分の娘たちとともにいかに現代のコミュニケーション手段を用いて神のみ言葉を万人に伝えることができるかを研究するため、全世界を駆けめぐった。

どんな障害も犠牲も、長い旅から旅への生活をはばまなかった。体は、疲れにうちひしがれていながら、つねにほほえんで心の明るさを発散し続けた。

たくさんの心配を抱えたある長い旅行の後、少し休むように言われると、彼女は、

「天国で。」

と答えた。そしてそばにいた病気のシスターをかえりみて、

「そこでは、もうあなたも苦しみませんね。そこで神さまを楽しみましょう。」

プリマ・マエストラは、人びとの魂を救いたい、という悩ましいほどの熱望を感じていた。民族の相違も、時間や空間の制限も知らぬ、普遍的な精神に満たされて、真理に対する万人の渇仰《かつごう》を心に抱いていた。

プリマ・マエストラの外国旅行は一九三六年の三月がはじめてであった。最初の旅はアメリカ、アルゼンチン、ブラジルの訪問だった。そこからの手紙に、

「ここで出会ったすべての人が、出版物が必要だ、わたしたちの働きが必要だ、

と言われます。まえにも言ったように、ほんとに会員が百万人にも増えて、みな父なる聖パウロのように立派な人でなければなりませんね……」と書いている。

そのときから外国に新しい支部修道院ができ、会員の数が増すにつれて、プリマ・マエストラの旅行もひんぱんになった。優しい心遣いで、一人ひとりのシスターの健康や気分、仕事などに関心を示し、書籍の普及とか、展示会とか、あらゆる企画の進行状況と効果について尋ね、相談にのり、万事に気を配った。重要な出版物の刊行にはもちろん、宣教にさいして本も雑誌も断る人の手に残していく小さなリーフレットに至るまで、関心を寄せた。各地の特別な事情を理解し、もっとよく進歩できるように指導や勧めを与えていた。シスター・ロレンチーナ・グイデッティは言う。

「わたしは東洋、つまりインド、フィリピン、マレーシア、ボルネオ、台湾、日本などに旅行して、そこでプリマ・マエストラの働きがどれほど大きな効果をあげたかを見ました。それはローマ本部で、プリマ・マエストラのそばに二十五年も三十年も一緒に過ごしたわたしたちにもほとんど知らされていない業績でした。もちろん、ローマでわたしたちは、プリマ・マエストラが出発なさるのも、どこへいらっしゃるのかも知っており、お帰りを待ちわびてはいましたが、遠い所で実際に何をしておられるのかをあまり考えませんでした。わたしは東洋のいろいろな修道院で、そこの長上たちから、プリマ・マエストラの手紙を見せてもらいました。プリマ・マエストラはほんとに一歩一歩彼女たちの歩みを導いておられたのです。何をしなければならないのか、どのようにしなければならないか、どこに新しい修道院を創設すればよいか、全部、勧めが与えてありました。それらの手紙を見ても、また訪問のさいになさった講話を聞いても、それぞれ、その国民の心理をよく心得ておられたことがわかりました。

たしかにプリマ・マエストラは、ご自分にとっても、修道会にとっても、誉れとなる立派な共同体を各地に養成なさいました。」

各地の習慣に自分を合わせ、けっして迷うことがなかった。この単純で広い考えの持ち主には、もう驚いたり、とまどったりするようなことが何もなかった。だれとでもくったくなく交際でき、みんなの模範となった。深くて落ち着いた観察力で、被造界のすべてを——人びとも、できごとも、事情も、気候も、環境も——眺めていた。そして、それを自分のためにも他人のためにも役立たせた。

プリマ・マエストラは娘たちの進歩と働きを喜んだ。勇気を出して続けていくよう励まし、彼女たちの熱誠がさめないようにできるだけのことをしてやり、同時に疲労に倒れることがないよう、自分の力をたのみすぎるな、と勧めていた。

「神さまに信頼しましょう。わたしたちは小さく貧しい者ですが、よい人間であるように努めれば、主が、多くの人に近づき、多くの善を行う恵みを、わたしたちにくださるでしょう。」

使徒的活動についての勧めは、それぞれの人に適するように与えていたが、一同にあてても同じ熱意と同じ愛をこめて語っていた。

「信仰と明るい希望と奮発心をもって働き続けましょう。日がたつにつれてわたしたちの使徒職のすばらしさがわかるようになりますよ。そして毎日新しい必要性が示されるでしょう。」

環境や、国状や、活動範囲、修道女の人数、それぞれの修道女の才能を見て、プリマ・マエストラの訓戒もちがった色彩をおびるのだった。

いろいろな修道院の視察を終えると、ローマにもどってしばらく本部のシスターたちと一緒に過ごし、また新たな旅行を始める。疲れていることは言うまでもなかった。だがいつも落ち着いて穏やかだった。

ローマ空港の、ある入国監査官はつぎのように言う。

「マエストラ・テクラが世界の至るところに出発していかれるとき、またそこから帰ってこられるとき、わたしは職務上彼女と知り合いました。何時間もの旅のあとで、マエストラ・テクラは疲れて苦しんでおられたにちがいないのに、いつも優しいほほえみをたたえていらっしゃったことが、とてもよい印象を残しています。」

戦争（第二次世界大戦）中、プリマ・マエストラの旅行はやむなく中断されていた。その間、アルベリオーネ神父と、プリマ・マエストラとは、聖パウロ家族のすべてのメンバーのため天からの保護を願いつつ、平和が訪れたら、大きな聖堂を建てて使徒の女王マリアに奉献することを誓った。

戦争は終わった。使徒職はふたたび活発となり、プリマ・マエストラの旅行もまた始まった。こんどは極東まで足をのばすのだった。カルカッタ（現コルカタ）からマニラに飛びながら、「きのうは、十八時間飛んで、三回しか着陸しませんでした」と書いている。

旅行しても、旅行記を書くことは、ほとんどなかったが、自分の娘たちに使徒的熱誠を表すような短い手紙をよく書いた。

一つの例をあげよう。

「極東から、心からのあいさつを送ります。みなさまをわたしの心に抱いています。この旅行中、わたしが特別に考えさせられたことを、みなさまにも考えていただきたいと思います。それは、主を知らないのでまだ彼を愛さない人が、なんとたくさんいるのでしょう、ということです。自分の殻から一歩出れば、この悲しい事実を深く認めざるをえないでしょう。統計を読んだだけではそんなにピンときませんが、実際に神さまを知らない人びとの間を通ると、ほんとに深い印象を受けます。

こんなに多くの人口をもつ町も、異端者、離教者、とくにいろいろな意味の異教者ばかりです。

心がしめつけられるようです。

全世界に宣教しなければなりません。この人びとを助け、まことの善を与え、祈りと宣教によってこの人びとの救いに協力する必要を感じなければなりません。わたしたちの使徒の女王への祈りのなかにあるでしょう。『広大なアフリカ、果てしないアジア、将来性に富む大洋州、苦悩する欧州、南北アメリカの状態が、わたしたちの心を奮い立たせますように。』会員が一人残らず、人びとへのこの愛を感じますように！」

旅から旅へ、プリマ・マエストラはただ一つの熱望に動かされていく。それは、できるだけ多くの人に、神が、真理が、救いが、及んでいくように、との願いである。

一つの旅行を終えて帰るとき、いろいろな国の風俗や習慣、気候や自然美、産業などについて語ることもあったが、苦悩と悲しみの面持ちでとくに力を入れて語るのは、各地で見た無数の道徳的悲惨についてであった。

「世界には多くの悪がはびこっています。わたしたちは一刻も早く人びとに近づかなければなりません。」

それはシスターたちに善をおこなう必要を痛感させ、他人を聖化するためにまず自己を聖化しなければならないと確信させるためであった。

「あの多くの人びとが神さまを知れば！」

そして断固たる調子でつけ加える。

「わたしたちは知らせなければなりません。」

プリマ・マエストラは、国々で、その国民のなかから神に召された者を見いだすことにも力を注いだ。邦人修道女の養成！　外国人がたぶん入ることのできないところまで、同胞なら近づくすべを見つけるだろう、と知っていたからである。「いつも寛大でありましょう。そうすれば、主は多くの人をお召しになるでしょう。おこなわなければならない善は、至るところにたくさんあるのですから」と言って、深いため息をつきながら、「印刷して本を増やすようにシスターも倍加できればね」とほほえんだ。

プリマ・マエストラの姿や、賢明な言葉もだが、それ以上に、彼女の宣教に燃える心は、修道女たちに犠牲を前にして将来の報いを考えさせ、喜びと勇気を与える力があった。

「航海する人は、港につくと、船で過ごした長い退屈な危険だらけの日々のことをすぐ忘れてしまいます。わたしたちも永遠の港につけば忍んできたすべての労苦を忘れるでしょう。過ぎ去った歳月を忘れ、ただその間におこなった善行の結果だけが残るでしょう。ですから払わなければならない犠牲を気にしないで、天国のために働きましょう。」

プリマ・マエストラのとった態度は、ときどき古風に見えたかもしれない。事実、つまらないことを軽々しく変更することや、たいして宣教事業に役立たない刷新というものを簡単に許す人ではなかった。だが、長上としても使徒としても、あくまで現代人だった。この言葉のもつ美しく広い意味での現代人だった。

プリマ・マエストラは、ポルノのような出版物が若者たちに与える影響をことのほか心配していたので、若い女性向けの週刊誌としてイタリアで創刊された「コジ」に、深い期待と関心を寄せていた。プリマ・マエストラはこの雑誌が、社会の基本的細胞である家庭から始まって社会全体の改善につながるものになることを強く希望していた。

「この雑誌は、ほんとに美しいものにしなければなりません。若い人たちが、つまらない雑誌よりもこちらに惹かれ、喜んでこちらを選び、結婚へのよい準備をして、よい母親となり、しっかりしたキリスト者をつくるように。この社会にはしっかりしたキリスト者がとても必要なのです。」

そして、この編集にあたっていた少人数のグループをできるだけ助けるようにし、いろいろな懸賞つきの記事が出ると応募者に提供する賞品や、普及の協力者へのほうびに心を配ったりもしていた。

また、彼女が「信仰を生きるキリスト者のための栄養あるパン」と呼んでいた、信仰教育の月刊誌「ヴィア・ヴェリタ・エ・ヴィタ」に携わるシスターたちにも、同じような愛と励ましを送った。関心をもって、毎月部数が増えるよう努力してほしいと願っていた。

プリマ・マエストラがしっかりと立っていた原理は、古いが、けっして沈んでしまうことのない原理、つまり福音の根本であった。

プリマ・マエストラのやり方、人やものごとに対する認識も、使う手段も、古くさいところは少しもなかった。彼女は、いま、この時代に生き、たえず将来を眺めていた。

プリマ・マエストラについて、ある記事にはこうあった。

「マエストラ・テクラは、真に今世紀の女性だった。二十世紀にこの新しい現代的事業をますます発展させるため、熱意に駆られて大海と大空とを行き来する活動の人、強き女性」と。

ある講話のなかで、彼女は言う。

「宣教の手段はできるかぎり現代的なものであるように。」

プリマ・マエストラにとってなすべきことは明らかだった。宣教上の企画に彼女の言葉は決定的方向づけとなり、諸問題の解決となった。何か企画を実現するうえで、経済的困難にぶつかったりすると、他の責任者はためらうこともあったが、プリマ・マエストラの解決方法はいつもきまっていた。

「もしこれをすれば、よいものが生み出されますか？　では、しましょう。ほかのことは心配しないように。信仰をもちましょう。そうすれば神の摂理が助けてくださいます。使徒職において何よりもまず求めなければならないのは、人びとの善です。利益ではありません。」

創立者が映画による宣教を始めなければならないと言ったとき、彼女はすぐにそれを承諾した。彼女の心はすでにこの新しい分野に開かれ備えられていたのである。映画技術がもし善のために利用されれば……プリマ・マエストラはその重大性をよく理解していた。人の個人生活にとっても、社会にとっても、マス・コミの影響がいかに力あるものであるかを理解していた。

「映画館で毎週二時間、三時間、四時間を過ごすのは、何百万もの人ですよ」とシスターたちに語った。「そこで人びとは何を習うでしょう！　善または悪、真理かさもなくば誤謬を……悪い映画は誤ったことを教えます。そしてどんなに多くの魂がそれによって滅びることでしょう。」

人びとを善の道に呼びもどし、神のみ言葉をひびかせる映画、出版物、放送などによって人びとに真理の糧を与えること、これこそプリマ・マエストラの頭をいっぱいにしていた考えだった。出版物が人びとに与える影響は、すでにアルベリオーネ神父との最初の出会いのときからよくわかっていた。スーザでおこなった最初の使徒職の見習いからもよくわかっていた。それはまえに紹介した新聞記者のキエザ氏のつぎの言葉も確認してくれるだろう。

「わたしは教区新聞『ヴァルスーザ』をますます充実させるために、テレザ・メルロが与えてくれた賢明で熱心な協力をけっして忘れない。テレザ・メルロは、どうすれば印刷がもっとよくあがるかに頭をしぼり、熱心に校正し、見出しのためにも、本文のためにもできるだけよい活字を選ぶようにしていた。

発行部数が多くなるのを喜び、よく、

――この新聞が、ますます普及し読まれるなら、それでよいことを考え、善への望みに駆られる人は多くなるでしょう。これこそ、よい出版物による使徒職です。

と言っていた。」

ラジオについても彼女はほほえみながら、

「神さまが預言者の口をとおして『わたしの言葉は全世界にひびくだろう』とおっしゃったことは、ラジオによって実現します。」

と言った。そしていつもの決断力で、真理のより広範な普及のためにラジオ放送を採用した。

ブラジルで長年宣教に献身し、よい効果をあげてきたあるシスターは言う。

「一九五五年にプリマ・マエストラがクリチバの修道院を最後に視察なさったときのことです。教区の小さい放送局でわたしたちがしていた仕事に深い関心を示して、努力、希望、可能性、困難など、すべてを吟味してくださいました。わたしたちの録音した教理の説明や宗教的講話を、たくさんの中継局が放送したがっているが、電圧の相違や技術上あるいは実務上の種々の困難のため実現できないと知って、突然プリマ・マエストラは、考え巡らしたことの結論のようにこう言われました。

——ねえ、放送できなければ、あのレッスンや講話をレコードにしたらどうですか？　レコードならどこでも聞けるでしょう。

わたしはびっくりしました。それはもっと多くの困難にぶつかるのではありませんか？　シスターの数も少なく、おまけに何もできない者ばかり、クリチバはたいした町でもない……わたしはあやぶむ理由をつぎつぎに並べはじめました。

プリマ・マエストラは答えて、

——いいえ、いいえ、なさい。やってごらんなさい、善をおこなわなければなりません。神さまのみ言葉は普及されなければならないものです。やってごらんなさい。

わたしは、まだ心配げに、

――では問い合わせてみましょう。できるかぎりのことをいたします。

と答えました。プリマ・マエストラはたたみかけるように言われました。

――早くなさいね。はじめのうち、そのレコードはそんなに立派なものでなくてもかまいません。善をなすことができれば、それでじゅうぶんです。少しずつもっと完全なものができるようになるでしょう。

翌日、空港へ行く途中の自動車のなかから建築中の建物を指さして、そこに書院を開く許可を願いました。プリマ・マエストラは賛成してくださいましたが、そのときもプリマ・マエストラの頭は放送による使徒職のことでいっぱいでした。書院の話をすぐやめて、

――教理を教えるためのレコードを早くしてくださいね。きっとよいものができ、役に立つと思います。あまり大勢の人と相談するのはよくありません。騒がないで、神さまに信頼してすぐなさい。主はきっと祝福してくださるでしょう。わたしもお祈りしていますよ。

と言われました。そして、結果は宣教上のすばらしい祝福でした。」

人びとの魂の救い――これはプリマ・マエストラの頭と心を占める圧倒的考えだった。一九六二年の極東への旅は、非常に大きな喜びと同時に、深い悲しみを彼女に与えた。修道会のすばらしい発展ぶりを見たとき、彼女の心は主における喜びで満たされた。が、一方、教会がいかに多くを必要としているかを見たとき、まだまだそのすべてに応じられないことを悲しんだ。

プリマ・マエストラの最後の決定の一つも、やはり彼女の宣教にはやる心を示している。一九六三年十月、ボリビアで修道院を創設することになった。しかし、当時、その国では文字を読めない人が非常に多いので、はたして出版による宣教ができるかどうか疑問だった。それでためらっていたが、やがていつもの決断力で決定した。プリマ・マエストラは、たいてい重大な決定をしなければならないときに、神からの特別な照らしを受けていたが、このときも明らかにそうだった。「もしそこのたくさんの人が文字を読めないなら、絵やレコードで宣教しましょう。そこにも宣教のセンターがなければなりません。何かの方法でボリビアにも福音を広げなければなりません。」

他の修道会のマードレ・ロゼッタ・ラ・ザラはつぎのように書いている。

「福音書は、プリマ・マエストラが最もお好きだった本です。それについて話すとき、彼女のひとみは、一種特別な光で輝いていました。それを読み黙想することが彼女の魂の喜びだったのです。

あるとき、会話の途中でわたしに、

――わたしたちがイエスのすべてのお言葉を深く理解できたらどんなにすばらしいことでしょう。福音を読むたびに新しい光に照らされ、よりよい人間になってゆけます。福音書が広く読まれ、愛され、それにそって生きられるように祈らなければなりませんね。現代的手段を用いて、あらゆる家庭に、社会全体に、福音をしみこませることができるでしょう。この実現のために、わたしたちは祈り、自分の苦しみをささげましょう。そうすれば社会はもっとよくなるでしょう。

と言われました。」

また、やはり他の会のシスター・エルヴィラ・パウレオは、

「社会の宗教的無関心を考えると、ときどきプリマ・マエストラの目には涙が浮

かんでいました。でもけっして落胆はなさいませんでした。先年、コンゴに突然反乱が起こって、自分の娘たちが危険にさらされ、聖パウロ会のミケリーノ・ガーニャ神父さまが聖体を取りだそうとして暴徒に殺されたとき、プリマ・マエストラはとてもお悲しみになりました。とくに、そのときアフリカ行きが禁じられて、自分の娘たちを慰めに行けなかったために、とてもお苦しみになりました。」

と言う。もちろん自分で行けないところに、自分の一部、祈りや苦しみを送っていたが……。

病が重くなって、旅行することや働くことはもちろん、動くこともできなかったとき、そのときもプリマ・マエストラは無活動の人ではなかった。祈り、黙想し、苦しみ、すべてを、自分が生涯かけて寛大に献身した使徒職の上に神の恵みを求める意向でささげていた。

ヴァルスーザ紙の年とった昔の支配人は言う。

「プリマ・マエストラ・テクラの熱心な協力を得てアルベリオーネ神父が始めた事業は、人間的には説明ができないほど豊かに実った。実際、あのスーザの八人の少女が、今日あらゆる民族の二千人を越えるシスターとなったことは、どうしても自然的に説明できない。」

12　いのちの奉献

一九六一年五月二十七日、修練長にあててプリマ・マエストラは書いた。「あす、三位一体の祝日に、わたしは本会の修道女がみな聖なるものとなってくれるよう、わたしのいのちをささげるつもりです」と。

ある司祭は聖パウロ女子修道会のシスターたちに言った。

「わたしはたびたびアルバーノのあなたがたの診療所に行きますが、階段の踊り場にあるプリマ・マエストラの大きな写真を見て、いつもなんだか天国の者を見るような気がします。あの甘美で単純なほほえみには、何のけわしいところもありません。」

たしかにそうだった。この柔和は、自己の行為のたえまないコントロールと、完全な自己支配によって獲得されたものなのだ。聖師イエスとの触れ合いから、日々新たにされる若さと新鮮さ、その優しさは、病気のあいだ完ぺきに、少しの曇りもなくみがかれた。この病気をプリマ・マエストラは少しまえから予見していたらしい。

あるシスターは書いている。

「一九六三年二月五日に（それはちょうど死の一年まえのことである）プリマ・マエストラはわたしに打ち明けて、

――わたしはあまり元気ではありません。もちろん床につくほど悪くはないので、苦しくてもがんばらなければなりません。きっとどこか、調子の悪いところがあると思います。でも神さまにお任せします。

と言われました。その声はいくぶん悲しくひびき、そのほほえみには愛情とともにいくらかのかげりがありました。しかし、すぐそれは完全な喜びのほほえみに変わりました。つまり、神さまを完全に所有する人のほほえみに……。」

最期に近づくにつれ、その顔には疲労と苦痛のしるしが刻まれていった。しかし最後まで変わらぬ穏やかさを保った。

重い急な病状は夜のあいだにおそった。

最後の病気中、ずっとつきそった看護のシスターはつぎのように報告する。

「一九六三年六月十六日の朝、プリマ・マエストラは少し気分がすぐれないようすでした。しかし、その日の仕事のプログラムは変わりませんでした。アリッチャというローマ近郊の町にある黙想の家でその年の心霊修行をしていた修練女たち一人ひとりに面接することと、彼女たちを修道女として受け入れるかどうかきめるための評議会を開くことでした。

この評議会のあいだに、評議員たちはプリマ・マエストラの気分がよくないことに気づきました。評議員の一人、シスター・アスンタ・バッシは、

——まるで舌がふくれたかのように発音は困難になり、ときどきその場の話に関係しない言葉を繰り返されました。わたしは心配しはじめました。

と言っています。

血栓が生じるかもしれない脳のけいれんでした。午後の十時ごろ病気は重大さをおびてきました。『病者の塗油』を授けることになり、その準備をしているあ

いだに苦しげなうめきとともに意識不明となられました。顔は真っ青で、のどはぜいぜい鳴りはじめました。修道院統治の責任にある評議員たちは事の急なのに驚き、もう施すすべもないと思ったほどです。

ところが以外にも夜半を過ぎて三時ごろ、容体はいくらかよくなりました。朝の五時ごろになって、プリマ・マエストラは目をあけ、わたしに、

——ここで何をしているの？

と言われました。ああ、この愛する声を、もう一度聞けるとは思われませんでしたので、とても感激しました。

幾日かたって、病はほとんど峠を越しました。衰弱がひどく、もう以前のような活動は許されません。活動しないこと、プリマ・マエストラは全然それに慣れていらっしゃいませんでしたので、苦しいことでした。でも医師や看護師から定められた時間割どおり、まったくすべてに温順に服従なさいました。プリマ・マエストラは万事に神のみ手を見ることに慣れておられたのです。

ときどき重体の病人を見舞われました。新しい聖堂や、病棟の建築に関心を示し、自分の病室のヴェランダから現場の仕事を見ておられました。ある日の暮れ

がた、建築中の建物の方に向かいながら、

――いらっしゃい。あの壁に聖水をまきに行きましょう。

と言われました。

診療所長のシスターが聖水をまいているあいだプリマ・マエストラは、潅水式の賛歌を歌いはじめられました。建築される家に神の祝福を求めて、積んでいくれんがに聖水をまくことは、もうほとんど本会の伝統になっていましたが、プリマ・マエストラはそれを繰り返しながらもう一度、ご自分の、単純ながら堅い信仰をお見せになったのでした。

八月、九月には、ときどき幾時間かずつローマにもどり、本部のシスターたちのあいだに姿を見せて喜ばせることがおできになりました。しかし、たいていひどく疲れて病院に帰られました。

八月十八日、プリマ・マエストラは母親としての喜びをいっぱいに見せて、病院のシスターたちが自分のために準備したささやかな慰安会のような催しに出席なさいました。終わってから一人ひとりのシスターに感謝なさり、せっぷんし、祝福を与えられました。

十一月二十二日、病気が再発しました。これまでアルバーノとローマとのあいだの短い距離の往復と、自分の病室から他の病室までの小さな散歩ができていたのでしたが、もうそれもできなくなりました。

第二の発作でプリマ・マエストラの生涯の最も苦しい時期が始まりました。病気の再発は彼女から、話し合う喜びと、自分の考えを伝える可能性を取り去ったのです。

話すことができなくなったとわかったとき、プリマ・マエストラは泣かれました。知性はまだはっきり働いていても、それを言葉で表現することができませんでした。書くことも……。ある日、プリマ・マエストラはそれを試して字にならなかったので、そっと隠されました。数時間あとで、あるシスターに見せ、

――ごらんなさい。書けませんでした、と言いたそうにして、言葉にならず、ぽろぽろと涙がこぼれました。お泣きになりましたが、いつものように、父なる神に、心からの愛をこめて受諾の意志を表されました。

十一月二十九日、聖母に九日間の祈りを始めました。三日めにややよくなり、アヴェ・マリアの祈りをきれいに唱えることがおできになりました。例の賢いま

なざしをわたしに注いで、喜びと感謝の涙を流されました。

たびたび聖堂に行きたいようすをなさいました。聖堂を指さしながら、

――いつ？

と。もうだれにもじゃまされず、自由に神さまとだけ語ることができたので、できるだけイエスのもとにいらっしゃりたかったのでしょう。ある日、いつものように食後聖堂を訪問することが許されませんでした。プリマ・マエストラは聖堂の方に顔を向けながら、

――行きましょう！

と言って、自分で立とうとされました。一分でもイエスのおそばに行きたいという望みがあまりにもはっきり見えて、わたしたちは逆らうことができませんでした。非常にゆっくり歩き、苦労しながら聖堂につきました。聖櫃を眺めて、そのまま何分か夢中になっておられましたが、

――さあ、もうまいりましょう。

と言った看護師の声に満足して出られました。その日から、毎日昼食のあとで、ちょっとのあいだ聖体を訪問されましたが、これがプリマ・マエストラの唯一の

散歩で、廊下を五メートルくらいのものでした。

一月ごろ、新築の病棟にお移しすると、すっかり気にいったようすで、すべてに感謝なさいました。でも、ほんのしばらくしか、ここにはいらっしゃれなかったのです。」


死はどんどん近づいてきた。プリマ・マエストラは穏やかな面もちで泣いた。プリマ・マエストラはかつて虚栄のために働いたことは一度もなかった。目立とうとしたこともなかった。

いつも謙遜で慎みぶかかった。

従順で寛大だった。

聖師イエスのみ心にかなうことのみを望んでいた。

つねに神に誉れを帰することを求め、「わたしの生涯は神さまのためにささげられなければなりません」と言っていた。「神さまのため、その誉れのためにささげる歩みは幸いです。」

人びとの救いは、プリマ・マエストラの心底までひびく問題だった。「神さまと人びとを愛しましょう。この偉大な愛で、わたしたちの心を満たしましょう。こうすれば他のすべてのことは第二義的なものとなります」と、シスターたちに繰り返した。

プリマ・マエストラは地上のものから完全に離脱した。神のご意志にまったく心を合わせて、どんな活動のさなかにも、神と親しく一致していた。

このような人が、死を恐れることがあるだろうか？

プリマ・マエストラにとって死ぬことは、神に呼ばれることだった。「神さまのお召しにいつも準備していましょう。ただ清い良心を保つだけでなく、多くの功徳をもっていくように準備しましょう」と、よくシスターたちを励ましていた彼女だった。

「あすわたしたちがまだ生きていると、だれが保証してくれるでしょう？」そして、「ですから、神さまのみ手にすがりつきましょう」と結んだ。

「時間は早く過ぎ去ってしまいます。これを永遠に役立たせるように使わなければ……。」

死ぬことは御父との出会いを意味するのではないだろうか？
「御父との出会いはなんと美しいことでしょう！」と、診療所づきの神父にもらしている。

病気の再発のまえに、毎日夕刻になると、診療所づきの神父と語っていたが、話が、神との出会い、神の直観の深い意味について、あるいは栄光に包まれるであろうこの肉体の変化についてなどになると、プリマ・マエストラは特別にひきつけられていた。

プリマ・マエストラは感謝の心で死に近づいた。彼女の主治医は言う。
「プリマ・マエストラはよく『神に感謝します』と繰り返しておられました。たえず神に感謝するというのは意味深いことです。『神に感謝』これはたった二つの単語ですが、長い演説よりもたくさんのことを表します。

それでわたしは、キリスト教の歴史に現れたもう一人の人物を思い出しました。アシジの聖フランシスコです。かれは、〝太陽の賛歌〟のなかで、創られたすべてのもののため、死のためにさえ神を賛美します。聖フランシスコは死を姉妹と呼んだのでした。プリマ・マエストラはかならず死のためにも感謝しておられました。」

ときどき、汚れのない心からほとばしる驚きが言葉となった。

「なんと美しいことでしょう！　イエスはなんと善いおかたでしょう！　わたしはいつも神さまのおぼしめしをおこなうことと神さまのために働くことだけを求めました。聖体を訪問するとき、わたしはイエスと、そして彼とともにおられる御父と聖霊を考えます……。」

この言葉には恩恵の働きが見えるようだ。いつも単純だったプリマ・マエストラ、最も重大な決定を下すときもいつも単純で何の形式ばったところもなく、福音の無垢と素直さの教えを完全に身につけていた人！

プリマ・マエストラにとって、死は「わたしを待っている美しい天国」の門であった。ある病気のシスターを励まして、「勇気を出して忍耐なさい。美しい天国でわたしたちはいつも、いつまでも喜ぶでしょう。天国は忍耐をもって獲得すべきものなのです。そして忍耐は聖櫃のそばで買えるものなのです。」

シスターたちに与える訓話にも、ますます熱を加えていった。

「つねに神さまを考えましょう。主を考えながら生きましょう。主に、主のあわれみに、何でも期待できます。わたしたちの故郷はそこにあって、そこに聖師イエスが備えてくださった席があります。それをあつく望み、どうしてもそこに至らなければなりません。天国でさえあればどんな場所でもいいと言わずに、高いところ、わたしたちのために定められたところに至りたい、と望んでください……。」

このような考え方、感じ方、話し方、生き方は、一朝一夕にできるものではない。生涯の祈りと黙想で身につけるものである。日々の苦労と惜しみない働き、自己放棄、欠点との戦い、それにプリマ・マエストラが独特の調子と力をこめて語っていたあの、永遠のためにすべてを役立たせることによって身につけたものなのだ。プリマ・マエストラは最後の日までよくすべてを永遠のために役立たせた。

診療所づきのドラゴーネ神父はつぎのように証言する。

「最後の病気中、プリマ・マエストラの霊的お世話をしてあげられたことは、わたしにとって、計り知れない特権だったと思う。あれほど明らかにキリストの姿を反映するあの魂の内部を見ることが許されたのだから。プリマ・マエストラは、すべてを打ち明けて何も秘密にされなかったので、心の底まで読むことができた。そこにはなんという恩寵の富があったことだろう！　プリマ・マエストラは、病の時期を非常に尊いものとなさった。償いを習う弟子となろうとして、その実、彼女は償いの教師だった。教会が教える償いの手段をプリマ・マエストラはすべて利用なさった。

――苦しみと病を聖化し、もし主がお望みなら、よい死を迎えるため、『病者の塗油』を受けて準備したい。

と、謙遜に願われた。しばらく意識がなくなったときの状態から少し回復したころ、真実に、単純に打ち明けて、

――わたしのうちに以前にも増して多くの恩恵があり、多くの霊感があることに気づきます。いっそうよくおこない、神さまにいっそう一致するよう傾いているようです。きっと『病者の塗油』のおかげだと思います。

プリマ・マエストラは毎日ゆるしの秘跡を願われた。

――いま、イエスとの出会いに備えなければなりません。その日、わたしをご

らんになるイエスの御目に、彼のお気に召さないことが一つも映らないよう望んでいます。

と言いながら。」

病気中、プリマ・マエストラの表情はこのうえなく優しいものになった。顔には新しい光が、まなざしには新しい優しさが、心には新しい愛情が宿ったかのようだった。

つきそっているシスターたちは彼女の聖性を感じていた。すでにプリマ・マエストラは「生きている祈り」と化していた。ほとんどいつも手にロザリオをもち、たびたび十字架にせっぷんした。そしてだれかに「いかがですか」と尋ねられると、きまって、「イエスのお望みのとおりです。神さまのみ手のうちにいます」と答えるのだった。

神のみ手にすべてをゆだね、そのみ心にかなうことのみ求め、落ち着いて、柔和に召されることを待つ——そのプリマ・マエストラの心から、神に受け入れられた苦しみの賛歌がのぼっていった。かくも穏やかなほほえみには、彼女の力であった寛大な忍耐が輝いていた。勇気はいつももってきたが、いまはさらに新しい勇気に満ちていた。

病気と苦しみと死の価値を深く悟って、診療所づきの神父に語った。

「わたしは生涯働きましたが、いまは、主がわたしに苦しむことをお求めになります。イエスご自身、まず働き、そしてお苦しみになったように、わたしも活動に受難を合わせなければなりません。イエスは十字架上でお亡くなりになりました。わたしも倣わなければなりません。わたしがしてきたあのわずかな働きに、いま、苦しみを加えます。苦しみはわたしを十字架上のイエスにあやからせてくれるので、心からそれを受け入れます。聖パウロは、自分の身をもってキリストの御苦しみを完成すると言いましたが、いま、わたしもお苦しみになる十字架上のイエスと一致するように思います。イエスが、わたしの死を受け入れてくださいますように！

死こそ、わたしを完全にイエスに一致させてくれるでしょう。」

愛をもって苦しむ――余すところなくみずからをささげる愛、それはずっとまえから彼女が自分の娘たちに語っていたことではなかったか。

「わたしたちはイエスに自分をささげたのでしょう？　では、カルワリオまで彼についていくことを拒めるでしょうか？」

プリマ・マエストラは母だった。これまでたえず会のシスターたちのために働いてきたが、いまは彼女たちのために苦しみをささげていた。プリマ・マエストラは母だった。まことの母である者は、苦しみなしにすまされない。

マンチーニ司教は言う。

「祈りの最高段階に至ってのち、プリマ・マエストラは苦しみの尊さに到達なさった。くちびるの祈りをささげてから、血の祈りをささげる……」。

今日聖パウロ女子修道会の会員が、世界の二十八か国（二〇一四年現在五十か国）にいるのを見、彼女たちの活動は何千万人にも及んでいるのを見て、一人の女性のしてきた仕事と思えば驚かざるをえないが、しかし、いつもいまにもこの世を去りそうだったひ弱な人がしたと思えばなおさら驚く。プリマ・マエストラはこの世界にすべてを与え、この世界から何の喜びも期待なさらなかった。健康でさえ――それがあったら、きっともっと楽に、国から国への旅行ができただろうに

――この世からお受けにならなかったのだ。にもかかわらず、あれだけ活動なさった！　これこそ驚くべきことだ。神はこの修道会がこれだけ大きく広がることをお望みになった。ほんとにこれは神のみわざだ。このみわざがますます栄えていくように、プリマ・マエストラは母としてくちびるの祈りとともに自分の苦しみという祈りをもおささげになった。」

すでに肉体は打ち倒され、言葉も出なくなってなおプリマ・マエストラは魂とまなざしを天にあげる。心のうちに自己の生涯のささげの意向を繰り返す。苦しむこと、自分の娘たちの聖化を望んでみずからのいのちをささげること。「あのかたは母でした。娘のためにすべて、いのちまでも与え、すべてを受け入れてカルワリオにのぼられました。イエスのように、善のために亡くなられたのです。すべての人の善、進歩、救いのため、でもとくに、会員の善のために」と、ある神父は聖パウロ女子修道会のシスターたちに語った。

しだいに死に近づきつつ、プリマ・マエストラはその奉献を新たにした……なぜならはっきりその奉献を誓ったのは三年まえのことだったから。一九六一年五月二十七日、修練長にあてた個人的な手紙につぎのように書いている。

「あす、三位一体の祝日に、わたしは本会のすべてのシスターが聖人となってくれるように、わたしのいのちを奉献したいと思います。」

そして同じ年のクリスマスにこの奉献をみんなに知らせ、「あなたがたみんなが聖人であっていただきたいと望みます。そのためにわたしは自分のいのちをささげました」と書いた。

いわばこのささげによって、プリマ・マエストラは神に至る旅路の終点に来た。もう彼女は、神を完全に所有するという希望と期待のうちに生きるのみである。最後まで霊的世話のできたことを誇っているあのドラゴーネ神父に、プリマ・マエストラは語った。

「天国は、神さまに完全な栄光を帰する状態ですね。そこでいまのような、みじめな者ではなくて、わたしたちは完全でしょう。よみがえりの日、わたしたちは美しく、若く、完全なエネルギーをもっています。苦しむことも死ぬこともないよみがえり……」

そう話しながら、彼女の目は深い熱烈な喜びに輝いていた。

「完全な者としてよみがえること、神さまのお気に召さない何ものも残さずに、よみがえること、神さまのみ前で、その賛美を歌い、すべてに彼のお気に召すこと……主がまったく欠けるところなくわたしたちについてお喜びになれますように！」

それはプリマ・マエストラのたえざる熱望だったにちがいないが、いま、生涯の最後の日々にあって、とくにそうだった。先のドラゴーネ神父の証言は続く。

「プリマ・マエストラは、自分のうちに限界を見、自分のうちでまだすべてが完全ではないことを見て悲しまれた。非常に澄んだまなざしで自分の不完全さを見ておられたので、復活の日の栄光を待望なさったのだ。

――まず魂で、そしていつか、体とともに、〝わが家〟に帰るでしょう。

と言っておられた。」

晩年にはとくに神からの光とたまものと超自然的な恵みに満たされた。聖体拝領のあとでは、彼女は主に没入しつくし、主は彼女の魂に入られた。

創立者はしみじみと顧みて、「はじまりは粗末で暗かったが、最後は明るく輝かしかった」と言う。

プリマ・マエストラの地上における最後の日を、シスター・アスンタ・バッシはつぎのように報告する。

「一九六四年二月四日、評議員はいくつかの問題について相談するため、アルバーノに集まりました。会議を開くまえに、みんなでプリマ・マエストラを見舞いました。やせた顔にとても輝いている目が深く印象に残りました。それは、まったく罪のない幼子のまなざしと顔でした。すでに人間的な考えや心配を超越した澄みきったまなざしです。それはわたしたちを見つめてほほえんでいました。病室に入ると待ちかねていたようすをなさいました。まえから言葉が言えなくなっておられましたが、まだ何でも聞こえ理解することがおできになっていました。

――プリマ・マエストラ、いまから会議を開きます。お祈りしてください。

と言うと、ほほえみながら、

――はい、はい。

と答えられました。お昼ごろ、診療所長のシスターが、

――プリマ・マエストラのお食事は終わりました。お休みになるまえに、みな

さまにごあいさつがなさりたくて待っておいでです。

と言ってきました。そこでもう一度病室に行きました。そのまなざしはまた強くわたしの心を打ちました。隠しきれない心の喜びがそこからのぞいている、そんなまなざしです。そのまなざしとほほえみは、もうこの地上にいることに、何の関心ももたなくなった人のそれでした。わたしは、今日のプリマ・マエストラは、なんという表情をなさっていることだろう、と思いました。

翌日の同じ時間には、プリマ・マエストラの臨終が始まっていたのです。二月五日、朝、アルベリオーネ神父さまのお見舞いが病人を慰めました。午前中ずっと苦しんでおられたのに、あの地上のものではないほほえみは途絶えませんでした。十一時ごろ、副総長のシスター・イグナチア・バッラは、あるシスターを出迎えるため飛行場に行こうとして、病室にあいさつに行きました。

——急いで行ってまいります。

と言うと、プリマ・マエストラは、じっと長く彼女を見つめて、ほほえみながら、

——はい、はい。

と言われました。シスター・イグナチアが部屋を出ようとすると、そばにいた診療所長が呼びとめました。振り返ると、プリマ・マエストラはもういちど近寄るように指でさしまねいておられました。ベッドのそばにもどって身をかがめると、プリマ・マエストラは何も言わずに手をあげて祝福し、副総長を抱いてせっぷんなさいました。それからシスター・イグナチアは診療所を出るまえ、手術したばかりのシスターをちょっと見舞いに行っていると、急いで呼ばれました。

——プリマ・マエストラがおわるい。

あわてて引き返すと、プリマ・マエストラは急に重体に陥ってすでに危篤でした。副総長への最後のせっぷんは、別れのあいさつだったのです。その場面を見ていた診療所長は、

——わたしはあの最後のあいさつが忘れられません。総長が臨終に入るまえ、その副総長に与えた最後のあいさつは、ちょうど自分の遺産、すなわち修道会の譲り渡しのようでした。

十二時三十分ごろ、臨終の苦しみが始まりました。ベッドを囲んでわたしたちは祈っていました。プリマ・マエストラの顔は臨終のキリストに不思議にも似て

いました。ベッドの前には、入院中のあるシスターがプリマ・マエストラのために書いてあげた、臨終のキリストのみ顔の絵がかかっていました。プリマ・マエストラはそのイエスと同じ方に頭を垂れ、同じ苦しみの表情をしておられました。臨終者の荒い息づかいが強くなり、やがてまたゆっくりになりました。わたしはどんなに苦しんでいらっしゃるのだろうと思いながら眺めていました。プリマ・マエストラはわたしたちみんなのために死ぬと言っておられたではありませんか。

その場でだれよりも苦しんでおられたにちがいないアルベリオーネ神父さまが、

——福音書をとって、イエスのご受難のところを読みなさい。

と言われました。プリマ・マエストラの姪、シスター・マリア・テレザが福音書を開いて読み始めました。ヨハネ福音書十九章の三十節『イエスは頭を垂れて息を引き取られた』というところまでした。そこでアルベリオーネ神父さまが、

——もういい。こんどは、はっきりと声をあげて誓願文を唱えなさい。

と言われました。プリマ・マエストラの臨終の苦しみがわたしたちの心を刺していました。アルベリオーネ神父さまは身をかがめて、

——プリマ・マエストラ、あなたのいのちを修道会のためにささげなさい。修

道会の全会員が聖なるものとなるように、あなたと、あなたのいのち、苦しみをささげなさい。

そこで神父さまは、声がつまって話せなくなられました。しばらくして、また近づき、

――イエスよ、わたしはあなたに希望をおきます。心を尽くしてあなたを愛します……

と祈られました。信仰と愛に満ちたこの人は、自分の犠牲をささげておられたのです。いまや祭壇と変わったあのベッドの周りはまた沈黙に包まれました。臨終者の苦しい息づかいはしばらく続き、しだいに遠くなりました。プリマ・マエストラの目は開き、また閉じ、手の指が伸びました。呼吸は静かになり、けいれんもおさまりました。臨終のもだえはひどいものでしたが、最後の瞬間は非常に穏やかでした。」

プリマ・マエストラは、ひたすら自己の完徳と修道会の完全な発展を求めた。つねに彼女の念頭にあったこの二つの目標は、いま達成されたのである。たしかに彼女は完徳に達した。死の日、一九六四年二月五日までに、神と彼女との一致

は神秘的段階に至っていた。そして、愛と力と賢明さの限りを尽くして指導してきた修道会の成長、発展をも見ることができたのだった。彼女の娘たちはいまや全世界の多くの修道院にあって、コミュニケーション・メディアを用いて真理の普及に全力をあげている。

第二バチカン公会議で教会から出された『広報機関に関する教令』は、一人の女性が、生来の病弱と戦いつつ賢明に指導していったこの修道会の働きを公認した。

教令はすぐにパンフレットとして印刷され、すでにアルバーノに入院中であったプリマ・マエストラの手に渡された。プリマ・マエストラはそれを手にとり、しみじみと眺めて、深い喜びにひたった。「主よ、いまこそ、このはしためを安らかに行かせてくださいます」（ルカ2・29）と、彼女も言うことができたであろう。

この公認によって、プリマ・マエストラは自分が教会に仕えたことと、キリストのみ言葉を宣教するための安全で役立つ、効果的遺産を残すのだという確信をもつことができた。プリマ・マエストラは手にしたパンフレットを読んだ。そしてそのくちびると心から最も純粋な「神に感謝！」という言葉が出た。

教会の中で、はっきりと聖パウロ女子修道会の特殊な使命が認められることになるこの教令は、プリマ・マエストラにとって地上における最後の、言い知れぬ喜びとなった。

13 人びとは語る

見ていたわたしは死を感じなかった。そのとき、そこに天使がいたことを信じている。見なかったけれど――わたしはそれに値しないから――でも、感じた。

聖ベネディクト女子修道院大修道院長の証言

カッシーノの聖ベネディクト会女子修道院の大修道院長はつぎのように語る。

「一九四四年二月、カッシーノは爆撃され、モンテ・カッシーノ（聖ベネディクトの建てた有名な聖ベネディクト会男子修道院がある）も、わたしたちの修道院も同じ夜の爆撃でめちゃめちゃになり、聖パウロ女子修道院に身を寄せました。すっかり希望を失ったような深い悲しみをわたしたちの顔に読みとって、プリマ・マエストラはいつもの快活さと母性的態度で慰めてくださいました。

——心配なさらないで。わたしたちの家は神さまのものですから、あなたがたのものでもあるわけです。ここから出ていけなどとけっしてだれも言いはしません。あちこちの修道院に分散させたりすることをだれにも許しません。わたしたちが信頼しさえすれば、神さまが守ってくださるでしょう。

ある日、わたしは、

——プリマ・マエストラ、いつもあなたの娘たちのパンを食べることを恥ずかしく思います。

と言いました。プリマ・マエストラは、まじめな顔でしばらくわたしを見つめ、すぐその美しい目とくちびるとにほほえみを浮かべて、

——そんなことをおっしゃってはいけません。わたしたちは喜んでいます。神さまにお任せしましょう。しっかりしてください、大修院長さま。

と言われました。わたしは自分のシスターたちにこのお言葉を伝えたので、みんなまた元気づきました。

八月十八日、わたしたちは聖パウロ女子修道会の丘にあるヴィッラ・スタラー

チェという別館を借りて移りました。これはわたしたちの新しい住まいでした。

プリマ・マエストラは安心させるような声で、

――もちろん、はじめはいろいろ不便や苦しみがあるでしょう。あなたがたの状態はよくわかっていますから、できるだけお手伝いします。わたしたちも、自分たちの最初のころの悲惨と貧しさをよく覚えています。でも神さまへの信頼は、いつもわたしたちの支えでしたし、これからもそうでしょう。

と言ってくださいました。そして何でもくださいました。お皿、コップ、下着、洋服、食べ物……何から何まで、ときどきわたしたちを訪ね、またシスターを送って、わたしたちの健康や、精神的経済的状態はどうかと尋ねてくださり、手に入るかぎりのものを何でも分けてくださいました。あの別館は少し寂しいところにあって、悪い人が来る危険もありましたので、犬までもくださったものです。

プリマ・マエストラの事務室の窓は、遠いけれどもこの別館に面していました。プリマ・マエストラは、

――事務室に入るたびに、わたしの考えと目は、あなたがたの方に向かいます。そしてみなさんを祝福し、みなさんのために祈ります。

と、たびたび言ってくださいました。

わたしたちはプリマ・マエストラのところに十一か月いて、それからヴィッラ・スタラーチェに十年ぐらいいましたが、いつも聖パウロ女子修道会ととても親しくしました。その十一か月のあいだに、わたしたちはプリマ・マエストラの多くの徳を眺め、感嘆することができたのです。まず愛徳において、信仰の精神において、祈りの精神において、また彼女のあらゆる行為にひそんでいたあの深い謙遜、このようなことにおいて、彼女はまったく第一（プリマ）の人でした。

プリマ・マエストラは愛しておられました。神を愛しておられました。神を愛するところから、すべての人を愛しておられました。だれかれとなく励まし、信仰の言葉をかけ、深く広い愛を惜しみなく与えておられました。他人を助けたり、お金を与えたりすることがとてもむずかしかった時代に、ほんとに深い慈悲を示されました。」

建築技師ピエトロ・カッティ氏の証言

ピエトロ・カッティ氏の弔問状もそれを示す。

「わたしは、直接にマエストラ・テクラとお近づきになる幸いを得ませんでした。重体でいらっしゃると聞いて、紹介していただくことも遠慮しました。しかし、直接お知り合いにならなかったとしても、マエストラ・テクラが担っておられた重い責任と、わたしがそのいくぶんかを見せていただいたお仕事のために非常に感心していました。とくに、わたしのもとで働く労働者たちが、マエストラ・テクラに対して抱いていた深い尊敬を見ては、感心せざるをえませんでした。宗教上のことや黙想よりも重労働に慣れている人びとですが、マエストラ・テクラの優しさ、魂の繊細さに心を奪われていました。マエストラ・テクラが、彼らに与えられた実はほんとに感嘆すべきものです。

今朝、お葬式のあいだにも、この労働者の一人は心からの感激を顔に表しながら、

――マエストラ・テクラに会ったことは、ほんとにわたしの霊魂の救いだった。と言っていました。わたしは、一人のシスターのお弔いにあたって、このような言葉を聞き、非常に深い印象を受けました。

あなたがたがプリマ・マエストラのお棺の前で祈っておられたとき、わたしも

あの聖堂内で心から神に感謝しました。
お悔やみの手紙で長く語ることを許してください。わたしは、このようなことは言わなければならないと思っています。愛する人がわたしたちを後にするとき、彼らのおこなった善行はわたしたちの慰めとなるからです。」

彼女を看取った医師たちの証言
「プリマ・マエストラのいつも単純でわざとらしくない振る舞いと、深い慎みは、彼女の人格を語っていた。その人格は、まっすぐ目的に進む、あの短い静かで効果的で実際的な話しぶりにも現れていた。……全世界に散在する修道院の視察から視察への短い合間にアルバーノに帰ってこられるたびに、彼女の健康が衰えていくのをわたしは見た。しかし、マエストラ・テクラはいつもほほえんで、温和で、純朴で、謙遜で、自分のことより他人のことばかりに気を配っておられた。そして衰えが要求することも辛抱づよいあきらめで受け取っておられた。最後の何週間か、もう死がいまにも訪れることを知りながら、その気丈さ、魂の平穏、温和な話しぶり、まなざしの優しさは、けっして消えることがなかった。」（ルイ

ジ・コワーリ博士)

「マエストラ・テクラには、愛情ぶかい心遣いの母親だけしかもっていない、あの洗練された愛他主義が輝いていた。彼女はすべてのことに関心を寄せていた。わたしがたびたび驚いたのは、全世界に広がった修道会のもつ、あれだけ多くの問題の重荷を負っていながら、なお非常に細かいことにも気を配っておられたことだ。たとえば、外国に宣教に行く神父たちの身の周り品をととのえてあげるとか、ちょっとした風邪で寝ているシスターのことを愛情ぶかく心配するとか……。

また、マエストラ・テクラのもっておられたもう一つの偉大な徳は、神への深い信仰と信頼だった。いくら物事が悲劇的なようすを見せても、いつも、そして最後まで『神のみ旨のままに』という言葉と、『神に感謝』という言葉で解決しておられた。喜びにおいて神に感謝! 困難にあって神に感謝! 不治の病といちばん彼女をみじめにわずらわせたこと(すなわち、はっきりした意識をもちながら、話せなかったこと)に対しても、神に感謝!

こんなに神への感謝で満たされていた彼女の生涯はかならず心からの神への感

謝で閉じられたことと思う。そして後には、すぐれた徳の思い出が残された。」（イジノ・バルドゥッチ博士）

「この病人に会うたびに、わたしは彼女が深い信心、きわめてしっかりした精神の持ち主で、自分の仕事を続けたいと望みながらも、まったく神の摂理にゆだねきったシスターだと思った。つまり、まったくすばらしい値打ちのある修道者だと確信したのだった。」（ミケレ・ブファノ教授）

「二月五日、マエストラ・テクラの心臓は止まった。長い病気を堪え忍んだあの穏やかな力にふさわしく、その死はとても静かだった。病気中、言葉で話せなくなった代わりに、目が、その知性の透明さと、診療所のためのたえざる関心とを語っていた。そのまなざしは柔和だが、強く、遠くを見つめる人のまなざしだった。あらゆる事業を容易にする確固たる信仰のまなざしだった……。」（フランシスコ・オイエッティ教授）

「聖パウロ女子修道会の総長だったマエストラ・テクラ・メルロは、外的な素朴さと深い謙遜の態度とともに、すばらしい考えや、企画、事業を生み出す内的熱心をもっておられた。彼女の死は、わたしたちに一人の聖人がどのように死ぬかを見せてくれた。」（ベニアミーノ・セッラ教授）

「わたしもマエストラ・テクラに近づく幸いを得たが、会うたびに超自然界への熱望、神のみ旨への完全なゆだねを表すあの穏やかさを感じていた。身体的には苦しんでいながら、表面はいかにも穏やかだった。自分の苦痛を他人には隠し、それをささげる主にのみ知られたいと望んでおられたのだろう。……彼女は非常にすぐれた内的生活の人で、一生を宣教事業にささげられた。神のより大いなる栄光のために生き、人びとの魂を生かし、高める力をもつ、あの超自然的精神に生きておられた。そして病気の苦しみも、キリストとともに御父にささげられたのだった。」（ジュゼッペ・レオッタ教授）

「最後の何か月か、わたしはもっと頻繁にマエストラ・テクラのおそばにいる機会に恵まれた。病状は進み、体はだんだん衰えておられた。それを見るのはもちろんつらかったが、それはたいていの医者が病人について感じることだ。しかし、それ以上に強く、わたしが感じていたのは、以前は知らなかったあの、彼女の精神に対する驚嘆と、尊敬と、愛情だった。体がどんどん死に向かっていくのに、精神はますます生き生きとしていった。

病室からたびたびご一緒に大自然のすばらしい美を眺めることがあった。そんなとき、マエストラ・テクラは、それに感嘆しながら、美しさと善のために、みんなに代わって神に感謝しておられることが感じとれた。マエストラ・テクラを取り巻く人たちの愛と尊敬もよく感じられたが、それはマエストラ・テクラのその人たちやみんなに対する愛が招いていたと思う。

見ていたわたしは、死を感じなかった。考えなかった。そして、それが訪れたとき、ほとんど気づきもしなかった。そのとき、そこに天使がいたことを信じている。見なかったけれど――わたしはそれに値しないから――でも、感じた。

残された体のために告別の辞を読むのはどうでもいいことだ。マエストラ・テクラの精神は生きて、いまもそこにあるのだから。

あなたがたは修道院のなかで働いたり祈ったりしながら、マエストラ・テクラの精神がそこにあると感じないだろうか。耳を傾ければ、沈黙のなかで、あのかたの声は響く。『神に感謝!』と。」(ドメニコ・カトゥッティ博士)

司教たちの証言

「聖パウロ女子修道会のみなさん、いま、わたしは、あなたがたにわずかな言葉しか言おうとは思わない。あなたがたのプリマ・マエストラ・テクラは、わたしの褒め言葉を必要とされないからだ。

人が神に身をささげるいちばんすぐれた形は、観想と活動を合わせる生き方だ。あなたがたの修道会はこの奉献に生きる形をとっていて、そして実際にマエストラ・テクラはそれを生き抜かれた。

彼女の名がテクラだった。聖女テクラは、聖パウロの協力者で、聖パウロの使徒的普遍的活動と固く結ばれて歴史に残っている。この最初のテクラがしたように、マエストラ・テクラも観想と活動を合わせた生活の権化のようだった。それはわたし同様彼女をよく知っていたあなたがたも感じていただろう。神とのたえざる一致のうちに生きながら、同時に人びとの魂の善を目指して、教会の種々の使徒職に協力するために活動的だった。わたしとしては、彼女がすぐれた女性、超自然的女性、つまり、聖人である、と疑わない。」（ボストンの司教、リチャード・ジェームス・クッシング枢機卿）

「数年前、マエストラ・テクラが手術のためアルバーノの診療所に入院されたと聞いて、見舞いに行った。穏やかなようすで他の病気のシスターたちと何の差別もなく休んでおられた。彼女の態度からは全然病気の苦しみが見えず、顔には精神の平安が反映していた。手術後もう一度見舞ったが、同じように平和な顔と、神のみ旨との一致を表すほほえみを見た。静かにロザリオをつまぐり、苦しみながらそれをささげておられた。

のちに再び旅行を開始してアジアに行かれたと聞いた。

最後の病気のときも、見舞った。やはり、同じ態度……。柔和で、静かで、キリストとの触れ合いをありありと感じさせる態度。しかしこのたびはプリマ・マエストラは話せなかった。

この女性の穏やかさ！　この総長の穏やかさと平安！　生涯彼女はわずかに必要なことだけを静かな声で話したが、それは神に心をひそめる人の特長である。この女性はたしかに主との出会いを反映していた。まことに彼女は観想的な人だった。活動から離れることのない観想！」（アルバーノの司教、ラファエル・マカリオ師）

「五十年まえ、サラゴザで出版による宣教の聖なる使徒であったある神父が亡くなったが、死ぬまえに、修友たちに向かって、『わたしの死を悲劇と思わないでくれ。それどころか、栄えに終わるドラマなんだから』と言った。あなたがたも、マエストラ・テクラの死を悲劇と思ってはいけない。これも一つの栄えに終わるドラマなのだ。

わたしはマエストラ・テクラをよく覚えている。その姿はその人格をはっきり示していた。彼女においてすべては透明で明るく、何の極端なところもなかった。彼女が神によって生きていたこと、感嘆すべき方法で、観想と活動とを合わせて生きていたことは、だれにでも感じとられた。何かを経験した人は、ただ他人から聞いた人の場合とは違った話し方をするものだ。観想した人は神と直接に触れ合い、神とともに生きるので、疑いを残さない話し方で神について語る。そしてすべてに——言葉、声の調子、明るく澄みきった表情、慎み、自己支配などによって神を反映し、その人の全体から神が見える。マエストラ・テクラはほんとにこういう観想の人だった。

心に神を抱き、その目は道を照らす二つの明かりのようだった。愛する神を被造物のうちに見いだし、そこに多くの黙想の材料があった。活動による経験は、彼女に自分が黙想で味わったことを確認させ、それによってまた黙想にもどると、彼女は神についての新しい知識を得る……。

これほど統一された生活は、なんと美しいものだろう！　これこそ聖パウロ会の生活だ。あなたがたの生活だ。本や新聞の発行のために苦労のたえない生活であっても、平和や静穏、神との触れ合いをなくすなら光がなくなる。かえって心が神と一致してさえいれば、光と熱と力がある。マエストラ・テクラはあなたがたの母であると同時に模範だ。聖パウロ女子修道会の全員が、もしその名にふさわしくありたいなら、いつでもどこでも万事において完全なパウロの娘であったマエストラ・テクラを鑑としなければならない。

聖なる修道者！　聖なる使徒！　聖なるマス・コミの使徒！

ともかく、葬儀に列しながら、心からわたしはあなたがたに、おめでとう、ほんとうにおめでとう、と言わなければならない。あなたがたの母であり模範であるかたは、天国にいる。そこから彼女はあなたがたに繰り返している。『わたしがしたようになさい。そうすれば、あなたがたもわたしの受けた報いを受けるでしょう』と。」（アルカディオ・ララオーナ枢機卿）

「いま、わたしが眺めているすばらしい冠をいただいたこの女性は、普通の労働者の家庭から出た。謙遜な一女性、謙遜な一シスターが、出版や、映画、ラジオ、テレビなど、文明の利器を駆使して世界を照らそうと思ったことは、ほんとうに感嘆にたえない。彼女は愛を万人の心に触れさせるため、思想伝達のあらゆる手段を活用した。」（オスチアの補佐司教、ティト・マンチーニ師）
師イエズス修道女会初代総長の証言

「創立者は言われました。『プリマ・マエストラ・テクラは、神へのたえざる上昇を極限までしつづけた』と。プリマ・マエストラのイメージの前に黙って立っていることは、わたしの慰めです。

プリマ・マエストラの二つのイメージ——

一つは、プリマ・マエストラを見つめる人を見つめ返す、輝かしいまなざし。地上で始めた対話を続けるかのようなまなざし。生前にもまして、神さまのみ前で救いをとりつぐために世界に注がれるまなざしです。

もう一つは、まぶたを閉じ、手を合わせて、精神を穏やかに集中した姿。祈りのうちに神との深い出会いがあったことを、体で感じさせるほどのイメージです。でも、プリマ・マエストラには、いつでも、どこでも、すべてが祈りとなっていました。いま、プリマ・マエストラの変容したまなざしはまったくの光です。仰ぎ見る神さまからその光は汲まれ、このかたにとりつぎを求める人たちに導きや慰めとして伝えられる光なのです。

わたしたちのたくさんの会員もプリマ・マエストラのとりつぎを願って祈ります。プリマ・マエストラは、聖パウロ女子修道会の共同創立者で初代総長でしたが、このかたの協力と惜しみない自己贈与は聖パウロ家族のすべてに及んでいました。わたしたち〝師イエズス修道女会〟の会員は、とくにそれを強く感じています。いつか生まれるべき修道会――聖パウロ女子修道会から『取り出す』かのようにして生まれる修道会として、わたしたちの会がまだぼんやりした計画だった、そのころから、創立者に打ち明けられて、マエストラ・テクラはこれを受け入れ、ずっと『はい』と言いつづけられました。マエストラ・テクラは、わたしたちの召命の派遣を理解し、わたしたちを指導し、生命を養うための条件である信仰と祈りと苦しみのなかで、わたしたちを生んでくださいました。

困難や苦しみがもっと多かった時期に、聖パウロ会の副総長マエストロ・ジャッカルド神父さまが、わたしたちに書いてくださいました。『プリマ・マエストラは、母の心であなたがたみんなを受け入れてくださいます。あなたがたに母の愛情を感じさせるために』(一九四六年十月七日)と。

苦しみのときも、喜びのときも、プリマ・マエストラはわたしたちとともにいてくださいました。わたしたちの歩みをだれよりも先に喜び、認め、励まし、おめでとうと言ってくださいました。

正真正銘のパウロの娘であったプリマ・マエストラは、わたしたち師イエズス修道女会の特殊な召命を最も深く理解してくださることができたのです。いつも尊敬と愛を呼び起こしたあの広い視野と魂の偉大さで、わかってくださったのです。

わたしたちがいまもだいじにだいじに保存している一九四六年のお手紙のなかに、つぎのお言葉があります。

『美しい召命の清い精神のうちに歩んでください。わたしは、最初のころと同じように、いつも母の心でみなさまのおそばにいます。聖師イエスへのみなさまの奉仕が完成されるためです。』」（マードレ・マリア・ルチア・リッチ）

「聖パウロ家族」の創立者アルベリオーネ神父の証言

「二十歳のころ、彼女は特別の使命に召され、若い女性の小さなグループに加わったが、この小さなグループはやがて聖パウロ女子修道会となるはずのものだった。

彼女は病弱な体質で、この生活が続けられるかどうか危ぶまれたものだった。

しかし、このことのうちにも主の働きは顕著に見られ、神の恩恵と、彼女自身の剛毅、賢明さによって、多くのデリケートな義務をたえまなく、熱心に果たしながら、このように七十歳まで生きることができた。彼女は弱かったけれども、自分の義務が剛毅を要求するとき強かった。

その善良さのために愛され、つねに謙遜で模範的であったために、共同体の責任を負わされて、生涯を終えるまでそれを果たし続けることになったのだった。

プリマ・マエストラが統治にあたってとくに用いたのはみずから示す手本だった。そして祈りは他のものに代用できない手段と思っていた。すべての会員が証明できるように、彼女の命令はいつも優しさに包まれていた。

聖パウロ女子修道会の使命は、新しい使命だった。彼女は会員たちを指導し支えていた。困難にさいして、いつも機械における油のような役割を果たした。

あるときトリノで、『これからわたしは、この娘たちの先頭に立って励まし、危険から守り、どのように自己を世に示すべきか、本の普及にあたって、どのように振る舞うべきかを教えましょう』と言った。

会憲の準備と認可、新しい聖堂や修道院、入会者の増加、事務の管理、それに新しい共同体に特有ないろいろのこと……すべては難事だったが、彼女はとくにこの困難を聖体の礼拝によって解決していた。

プリマ・マエストラが成功したときも、人から支持されたときも、あらゆる交際においても、何かを規定しなければならなかったときにも、いつも謙遜だった。何かうまくいかないときも、誤解を受けたときも、同じように穏やかだった。温順で、神のみ旨に対して、たえず心の備えができていたが、試練はとても多かった。

その言葉と態度には、元気だったときも最後の長い苦しい病気のときも、ただ主のお望みのままにという気持ちが表れていた。

彼女の言葉は尊敬をもって受け入れられたが、それは、神と語り合い、相談し合う人から来るということが感じられるからだった。たびたび彼女のしたことの結果を見れば、それが神からの上知に照らされてなされたことだったとわかった。

プリマ・マエストラは、すべてを神において、神からのものと見なしていた。その全行為は、神の栄光を目的としていた。この点にまで達することができれば、人は天国に入るための備えができている。天国は神に栄光を帰することだからである。

プリマ・マエストラは観想の人だった。たえず、どこでも神と一致していたので、どこでも祈ることができた。その魂は洗練されていた、ますます明るく照らされていくようだった。彼女は天の御父が彼女を待っておられることを感じていた。晩年に彼女がとくに考えていたこと、味わっていたこと、耳にしていたことは、ただ神の栄光だけだったと思う。これは聖徳の頂である。ここに至って、人の魂も、三位一体、天使、聖人たちと一つの音色を奏するようになる。完成された聖性は、神の栄光のみを求めることにある。

プリマ・マエストラはこの点に達していた。」

本書は1965年12月25日に第1刷が発行されたものを
文庫化したものです。
著者・訳者ともにイタリアの聖パウロ女子修道会会員。

よいたよりの使者
シスター・テクラ・メルロの生涯

*

著　者　オルガ・アンブロージ
訳　者　アグネス・レト
発行所　女子パウロ会
代表者　松岡陽子
〒107-0052 東京都港区赤坂8-12-42
Tel 03-3479-3943 Fax 03-3479-3944
Webサイト http://www.pauline.or.jp
印刷所　図書印刷株式会社
初版発行　2015年2月5日

ISBN978-4-7896-0748-3 C0123 NDC289